CHEZ LES BOURGEOIS

COMÉDIE EN QUATRE ACTES, EN PROSE

DU MÊME AUTEUR

Une canne de fer	1 vol.
La Revanche de Gaétan.	1 —
Une Comédienne	1 —
Mémoires d'un jeune homme.	1 —
De la vie et du rêve.	1 —
Idée et Réalité	1 —

THÉATRE

Sa Maitresse, comédie en quatre actes, en prose.

HENRY BAUËR

Chez les Bourgeois

COMÉDIE EN QUATRE ACTES, EN PROSE

PARIS. — Ier
P.-V. STOCK, ÉDITEUR
(**Ancienne Librairie TRESSE & STOCK**)
155, RUE SAINT-HONORÉ, 155
Devant le Théâtre-Français

1909

De cette brochure, il a été tiré
Huit exemplaires sur papier de Hollande,
numérotés et paraphés par l'éditeur.

A

MADAME LOUIS TARDIEU

H. B.

PERSONNAGES

ARSÈNE LETERRIER.
HENRI LETERRIER.
GEORGES PAYEL.
MAURICE BRUNEL.
MADAME LETERRIER.
GERMAINE LETERRIER.
MADEMOISELLE BERLITZ.
MADAME MASSOUDIER.
UN DOMESTIQUE.

CHEZ LES BOURGEOIS

ACTE PREMIER

A Paris, dans l'hôtel qu'habitent Arsène Leterrier, madame Leterrier, Germaine leur fille, Henri Leterrier frère d'Arsène. — Un petit salon d'un luxe cossu. — Neuf heures du soir.

SCÈNE PREMIÈRE.

MADEMOISELLE BERLITZ, puis ARSÈNE.

Mademoiselle Berlitz, claudication légère, à peine visible, entre, jette un regard derrière elle, va s'asseoir au piano et prélude. — Leterrier, même jeu, s'approche du piano et cherche à enlacer l'institutrice. — Elle se lève vivement, se dégage et passe de l'autre côté, de façon à laisser le piano entre elle et Leterrier.

MADEMOISELLE BERLITZ.

Etes-vous satisfait du dîner de ce soir, monsieur Leterrier.

LETERRIER.

Vous me refusez le dessert.

MADEMOISELLE BERLITZ.

Prenez garde : madame Leterrier, Germaine et votre frère sont à côté.

LETERRIER.

De la salle de billard, on n'entend rien!

Il fait le tour du piano et tâche de l'enlacer : elle recule.

MADEMOISELLE BERLITZ.

Tenez-vous tranquille... on vient... Avez-vous bien dîné ?

LETERRIER.

Le dîner était bon, mais le café toujours médiocre... Madame Leterrier trouve au-dessous d'elle d'entrer à la cuisine.

MADEMOISELLE BERLITZ.

J'aide madame Leterrier aux soins de la maison, il m'est impossible de surveiller la cuisinière... Elle me rabrouerait de la bonne façon... Déjà les domestiques voient d'assez mauvais œil mon ingérence.

LETERRIER.

Vous nous rendez les plus grands services... Embrassez-moi Fanny.

MADEMOISELLE BERLITZ.

Je ne veux pas.

Elle recule.

LETERRIER, *cherchant à la rejoindre.*

Alors bon gré, malgré...

MADEMOISELLE BERLITZ.

Mais laissez-moi donc !

Elle se sauve par la porte de droite ; Leterrier revient sur le milieu de la scène.

SCÈNE II

LETERRIER, HENRI, MADAME LETERRIER, GERMAINE.

GERMAINE.

Mademoiselle est partie.

LETERRIER.

Oui... Elle m'a demandé de se retirer

MADAME LETERRIER.

Lui avez-vous parlé pour le café ?

LETERRIER.

Elle n'ose pas faire d'observations à la cuisine.

GERMAINE.

Voilà mon institutrice devenue femme de charge.

MADAME LETERRIER.

Depuis longtemps tu n'as plus besoin de ses leçons; nous l'avons gardée : il faut qu'elle s'emploie.

GERMAINE.

C'est une excellente personne, utile et dévouée un peu susceptible peut-être à cause de son infirmité.

HENRI.

Ma sœur savez-vous comment on fait de bon café ?

LETERRIER.

Parbleu ! sur la table, comme dans notre jeunesse.

MADAME LETERRIER.

Ce n'est pas difficile avec un bon mélange et une cafetière russe ou viennoise.

HENRI.

Fi donc, pas du tout! Flore, écoutez et répétez à votre cordon bleu : *primo* : Acheter le café vert, de la meilleure qualité, naturellement; brûler *chaque jour* la quantité nécessaire et pas plus.

MADAME LETERRIER.

Obtenez donc ça d'une cuisinière.

HENRI.

Secundo : Se servir du filtre classique en terre brune à l'exclusion de tous les autres appareils où la vapeur dénature l'essence. *Tertio :* Maintenir sur le feu l'eau en ébullition et la verser dans le filtre non pas en une, ni même en deux ou trois fois; mais lentement, par petite cuillerée. Patience et longueur de temps font le café exquis... j'ai dit.

LETERRIER.

Vous l'avez même dit si souvent que dès demain nous obtempérons... Dix heures... Georges se fait attendre.

MADAME LETERRIER.

Oh! quand celui-là arrivera à l'heure...

HENRI.

Ne vous a-t-il averti qu'il serait retenu assez avant dans la soirée?

GERMAINE, au piano.

Il dîne au banquet des Associations populaires avec de chers citoyens dont la société est bien préférable à la nôtre.

HENRI.

Mauvais dîner, gargotte obligatoire et démocratique, viande creuse des vaines paroles... Il a tort.

LETERRIER.

D'autant plus tort que j'ai ce soir à parler sérieusement d'un sujet qui nous intéresse tous. Aussi, mon frère, vous ai-je prié de ne pas dîner au cercle et désirai-je que le fils de ma pauvre sœur fût présent.

GERMAINE.

Nous l'avons assez attendu, père.

MADAME LETERRIER.

Oui, commence !

LETERRIER.

Mon frère, ma femme, ma fille... C'est aujourd'hui le cinquantième anniversaire de la maison Leterrier. Voici trente-cinq ans que je dirige la fabrication et la maison de commerce, que j'en assume presque seul la responsabilité et la peine...

Leterrier a ponctué chaque mot et s'arrête.

HENRI.

Epargnons à votre modestie de rappeler qu'il y a dix ans notre association fut rompue et, qu'après ma ruine, vous eûtes la bonté de me garder dans la maison.

LETERRIER.

Notre sœur Jeanne avait, dès le début, réclamé ses droits dans l'héritage du père ; je les lui payai sauf le quart qui forme aujourd'hui la fortune de Georges.

HENRI.

Oui, vous lui avez racheté sa part; mais n'ayant pu, à cette époque, vous libérer entièrement, une certaine somme resta dans la fabrique. Ce fut le meilleur de l'affaire pour notre pauvre Jeanne.

LETERRIER.

Pourquoi, voulut-elle se marier contre notre gré avec ce Payel, mariage malheureux, s'il en fut, dans toutes ses conséquences.

MADAME LETERRIER.

Dont Georges forme la suite fâcheuse par son esprit et son caractère.

HENRI.

Ne récriminons pas ; ne tombons pas dans les redites.

LETERRIER.

Comment ne pas nous souvenir que Jeanne s'obstina à suivre ce médecin sans clientèle, cet inventeur au cerveau fêlé et pour trouver avec lui la pauvreté, la gêne, une mort misérable, loin des siens, sous un climat dévorant.

MADAME LETERRIER.

N'est-il pas pénible de revoir dans la nature du fils l'exaltation de la mère et les billevesées du père !

HENRI.

Aurait-il pu en être autrement ?

MADAME LETERRIER.

Oui, si vous, son tuteur et le seul de nous qu'il aime sincèrement, lui aviez inculqué des pensées normales et saines, conformes à sa situation et à son état, des principes enfin !

HENRI.

Des principes !... Est-ce que j'en ai ? Mon vieux sac percé s'est délesté de cette poussière de sable miroitant sur les routes de la vie. J'ai laissé mon pupille se former librement. Il s'est modelé sur ses parents, dites-vous... singulier reproche... Comme si Germaine n'était pas le reflet de votre esprit et pareille à vous.

MADAME LETERRIER.

Germaine possède les principes d'une demoiselle de bonne famille, élevée religieusement; M. Leterrier et moi sommes fiers d'elle.

HENRI.

Tant mieux! La *demoiselle* sage et raisonnable contrebalancera l'excès contraire. Les extrêmes feront l'harmonie d'un couple heureux.

MADAME LETERRIER.

Pouvez-vous bien songer au mariage de Georges avec Germaine.

GERMAINE.

Voilà qui n'est pas encore fait!... Oh! ne protestez pas, mon oncle! On nous a fiancés, Georges et moi, dès l'enfance, tacitement et sans nous consulter. Tout d'abord nos sentiments naïfs consentaient, mais depuis, Georges ne paraît plus se soucier de moi et nos caractères nous séparent : Il méprise tout ce qu'on m'apprit à respecter, il hait les croyances qui me sont chères, il est porté à toutes les folies. Vous ne voudriez pas me marier uniquement pour mettre, comme on dit, du plomb dans la tête de monsieur mon cousin.

HENRI.

Çà, c'est parler!... heureusement que le cœur à d'autres raisons. Enfin, Arsène, vous ne m'aviez pas convié à l'exécution de mon pupille.

GERMAINE.

Châtiment du retard... les absents ont tort.

SCÈNE III

LES MÊMES, GEORGES.

GEORGES.

J'arrive !

GERMAINE.

Piano, piano !

MADAME LETERRIER.

Trois quarts d'heure en retard.

GEORGES.

L'important est d'arriver... Après le dîner, j'ai été obligé de prendre la parole.

LETERRIER.

Tu as eu tort.

GEORGES.

M. Maurice Brunel avait parlé avant moi.

LETERRIER.

A la bonne heure !... C'est un jeune homme d'opinion très avancée et très pondérée qui allie à une conception hardie des réformes nécessaires le respect des fortunes acquises, enfin un esprit scientifique... et les énergumènes de ta sorte ont tout profit à l'entendre.

GERMAINE.

M. Brunel a bien parlé ?

GEORGES.

Comme a dit ton père.

GERMAINE.

Et toi... un discours incendiaire ?...

GEORGES.

Tu penses...

LETERRIER.

Quelle intelligence, M. Brunel, élève de l'Ecole polytechnique, ingénieur des ponts et chaussées, destiné aux plus hautes fonctions publiques ! Et il n'aurait tenu qu'à toi, garnement, d'entrer à polytechnique, aux ponts et chaussées.

HENRI.

Ses connaissances industrielles et commerciales, son savoir pratique ne vous servent-ils pas ?

LETERRIER.

Polytechnicien, ingénieur, il eut honoré toute sa famille. Je n'ai besoin ni d'un commis, ni d'un ouvrier amateurs. Je vous en veux mon frère de sa carrière manquée.

HENRI.

Parce qu'il n'est pas diplomé, sanctionné, titularisé. Mais Arsène, vous exagérez la signification des examens et des diplômes. Tout au plus prouvent-ils qu'à certaine époque la mémoire fut capable d'absorber, de contenir et de restituer les matières d'un examen ou d'un concours. Gymnastique spéciale, discipline agglomérée, et rien de plus... La moindre marque de spontanéité, d'individualité d'activité originales est d'autre importance.

LETERRIER.

Mais l'entrée, le passage dans nos grandes écoles publiques ?

HENRI.

Le pont aux ânes savants!... Cette culture scolastique crée des catégories et des doctrines : point d'hommes ni d'idées humaines. — Les produits de serre chaude lâchés à l'air libre, à la lumière gardent une indélébile odeur d'engrais. Suffoqués, éblouis, ils s'avancent en vacillant, dépaysés, étrangers dans un monde inconnu; bientôt leur science les rassure et, convaincus d'être supérieurs, ils affectent le mépris de la force spontanée des êtres et de la puissance féconde des passions : de tout ce qui ne s'apprend pas dans les livres. — Demandez à l'un ou à l'autre : où est ton cœur, ton esprit; il répond : à l'Ecole polytechnique, à l'Ecole normale!

GEORGES.

Bravo, oncle!

GERMAINE.

A l'ordre, l'orateur.

MADAME LETERRIER.

Avec ces points de vue particuliers, votre pupille reste en dehors de toute profession régulière ; hostile à son milieu, ennemi de la religion, socialiste et révolutionnaire, il attend sans doute l'occasion de se prouver.

GEORGES.

Effectivement.

HENRI.

Tais-toi, gamin! Et vous Flore ne le poussez pas aux sottises. Je ne donne pas dans ces turlutaines; vous le savez. Elles me font de la peine. Je ne me grise plus de mots. Cette eau gazeuse que, seuls les Anglais, une seule maison en Angleterre sait fabriquer, voilà le dernier ferment qui me monte à la tête. Je bois du schwepps soda et je regarde couler la vie.

LETERRIER.

Au bord d'un tapis vert.

HENRI.

C'est entendu ! Le jeu fut mon vice. Il m'a coûté assez cher pour qu'on ne me le reproche plus... Et puis un homme sans vice est incomplet.

MADAME LETERRIER.

Oh ! rien ne vous aura manqué.

HENRI.

Mais une femme peut être aimable sans aigreur ni cagoterie.

LETERRIER.

La paix !... Mon frère, ma femme, ma fille, mon neveu ! C'est aujourd'hui le cinquantenaire de notre maison ; c'est dans un mois le 35e anniversaire de ma direction. J'ai résolu de célébrer ces deux solennités par une grande réception : dîner, soirée et comédie, avec de nombreux invités parmi mes collègues du haut commerce et de l'industrie ; mais en même temps... écoute bien ceci, Georges... Je veux associer les ouvriers, mes collaborateurs, à cette fête : ce sera sa note particulière.

GERMAINE.

Vous inviterez les ouvriers à la soirée.

HENRI.

Complet noir à chaque compagnon, robe de soie à chacune de leurs dames : C'est plus que la poule au pot.

GEORGES.

Laissez parler l'oncle Arsène.

LETERRIER.

Mon projet n'est pas si ridicule. Pour représenter tous mes ouvriers, j'invite Boussinier entré à la fabrique le même jour que moi, Boussinier, dont la présence à cette soirée symbolisera trente-cinq ans d'honnête et fidèle collaboration.

GEORGES.

Çà lui fait de belles jambes.

LETERRIER.

Attends un peu et je suis certain de ton approbation... Boussinier, chargé de famille, n'a pu garder, comme on dit, une poire pour la soif.

GEORGES.

Combien gagne-t-il ?

LETERRIER.

Six francs par jour...

GEORGES.

Combien d'enfants ?

LETERRIER.

Quatre... trois filles et un garçon.

MADAME LETERRIER.

Imprévoyance des gens du peuple !

LETERRIER.

Enfin, mon vieux Boussinier sera assis à ma droite au dîner de notre cinquantenaire et trouvera sous sa serviette un titre de quatre cents francs de rente viagère.

GERMAINE.

Bien ! mon père !

GEORGES.

En 1866, quand vous avez succédé à mon grand-père, quels étaient les bénéfices de la maison ?...

LETERRIER.

Oh ! trente à trente-deux mille francs par an.

GEORGES.

L'inventaire de l'année dernière, il y en a eu de meilleurs, accuse un bénéfice de trois cent soixante-quinze mille francs... Mon oncle, vous avez mieux profité du temps que votre vieux Boussinier.

LETERRIER.

Je ne saisis pas le rapport...

GEORGES.

Mais si : il a fait votre fortune et c'est vous qui lui faites un cadeau... Quatre cents francs de rente viagère... l'heureux homme ; avec ses trois filles, il est assuré d'une vieillesse entretenue.

LETERRIER.

Il a fait ma fortune... Il a fait ma fortune ! Cinq cents autres avec lui... des bras dont j'ai été la tête, qui ne pouvaient rien sans moi.

GEORGES.

Enfin, vos obligés... Vous leur rendez service ; sans maître, ils mourraient de faim.

HENRI.

N'écoutez pas ce méchant garçon... Des railleries, voilà tout ce que vous en aurez.

LETERRIER.

Bien faire et laisser dire ! c'est ma devise !...

Supposes-tu que je ne connaisse pas les théories et les projets de vos socialistes... Je voudrais voir à l'œuvre les ouvriers privés de patron et de capital : ce serait la ruine et la honte du pays... Qu'on reprenne notre infime bénéfice sur chaque tête, quatre ou cinq sous par jour, les travailleurs en seraient-ils plus riches ?

GEORGES.

Assurément !... Vous avez beau sourire ; vingt-cinq centimes comptent dans le salaire journalier et importent à une famille ouvrière. Ainsi les sous ôtés aux plus pauvres et multipliés à l'infini font les millions mal acquis.

GERMAINE.

Je m'étonne, Georges, qu'avec des idées aussi formelles, tu consentes à profiter des revenus de notre maison.

HENRI.

Pare-moi celle-là, fiston.

GEORGES.

J'attendais l'argument, mais de mon oncle Arsène.

GERMAINE.

Et ta réponse ?

GEORGES.

C'est une iniquité de vivre du travail des autres... Mais la société actuelle et sa parfaite organisation d'injustice permettent seulement des complices ou des dupes... Refuser l'argent que me vaut le hasard de la naissance, serait duperie... J'aliènerais ma liberté... Je dépendrais d'un maître, d'un patron... Je ne changerais pas le sort des déshérités, il n'y aurait qu'un serf de plus... Donc je garde la somme d'indépendance, la liberté de combattre, le moyen de frapper la forteresse d'iniquité avec ses propres armes... Vienne l'heureuse occasion du sacrifice, vous verrez si je me soucie de l'avantage personnel.

MADAME LETERRIER.

Avec une croyance supérieure, vous détourneriez votre esprit des imperfections terrestres pour l'élever vers la source de bonté et de justice éternelle.

GEORGES.

Vers le dieu des patrons et des propriétaires.

LETERRIER.

Assez Georges! Tu froisses ta tante, ta cousine et moi dans des sentiments sacrés. Comment ne sens-tu pas qu'une religion est nécessaire surtout au peuple, à cette foule privée de satisfactions immédiates à qui l'espérance d'une vie meilleure fait prendre patience en celle-ci... Nous leur devons l'exemple de la foi.

HENRI.

La prime à l'illusion.

LETERRIER.

Aussi pour notre cinquantenaire, remettrai-je cinq mille francs au curé de notre paroisse.

GEORGES.

Le spirituel après le temporel... Vous pensez à tout, mon oncle.

HENRI, il tire sa montre.

Mes enfants, il est onze heures. Nous reprendrons ce colloque demain... Je vais faire un tour au cercle.

LETERRIER.

Pour n'en pas perdre l'habitude.

HENRI.

Bonsoir ma sœur, bonsoir fillette.

GEORGES.

Mon oncle, je pars avec vous.

GERMAINE.

Georges! Mon père et ma mère ne s'opposeront pas à ce que nous causions un moment.

LETERRIER.

Oui, nous te laissons le sermonner.

MADAME LETERRIER.

Ma fille tu viendras m'embrasser avant de te coucher.

Monsieur et madame Leterrier, Henri, sortent.

SCÈNE IV

GERMAINE, GEORGES.

GERMAINE.

Depuis longtemps notre situation est fausse, d'une ambiguïté qui chaque jour s'accroît. Veux-tu que nous l'éclaircissions?

GEORGES.

Si tu le veux, Germaine.

GERMAINE.

Nos parents, ont disposé de notre avenir. Tout le monde nous croit fiancés, alors que les sentiments, les vues contraires nous disjoignent et nous séparent.

GEORGES.

Où prends-tu ça, ma petite Germaine ?

GERMAINE.

Tu me supposes encore petite fille, sans idée ni réflexion... Depuis deux ans, tu as vécu si éloigné de nous que tu ne peux plus me reconnaître avec des pensées et des principes.

GEORGES.

Je reconnaîtrai les idées de papa et les sermons de maman.

GERMAINE.

Ne raille pas... J'ai appris à penser toute seule, je sais vouloir.

GEORGES.

Fais voir.

GERMAINE.

Et s'il te le faut montrer... Je n'épouserais pas un homme sans religion, un révolté contre les titres de l'intelligence et du travail, un transfuge devenu l'ennemi de la classe à laquelle je suis fière d'appartenir.

GEORGES.

Ton confesseur et ta mère auraient dû varier un peu le texte de la leçon... Et voilà ta pensée, tes principes : des mots inculqués par lesquels tu prétends sceller ou effacer un engagement décisif, régler ou déranger ton existence... Ce n'est pas toi qui parles et tu n'as même pas réfléchi cinq minutes au sens de ta récitation.

GERMAINE.

Ces idées renouvelées en moi sont devenues miennes.

GEORGES.

« Tu n'épouserais pas un homme sans religion... » Quelles lumières as-tu reçues, cousine, pour trancher dans le vif des consciences, pour récompenser ou punir leur état. Depuis le commencement des hommes la science dispute à la Révélation l'ordre des mondes, le doute alterne avec la foi et une jeune demoiselle, assistée de son curé, déterminera la vérité et l'erreur, le côté des justes et celui des méchants.

GERMAINE.

Je crois... c'est ma lumière et ma force.

GEORGES.

Garde ta foi et ton illusion mais sans haïr, à la manière de prêtres fanatiques, tous ceux auxquels la raison ne permet plus de s'illusionner ni de faire des rêves.

GERMAINE.

Excepté le rêve de la révolution, l'utopie égalitaire, la suppression de notre classe.

GEORGES.

Germaine, tu jouis de tous les avantages matériels ; rien ne t'est refusé de ce qui rend l'existence plus douce et plus facile ; l'élégance, le luxe, tous les agréments de la vie, tu les as trouvés dans ton berceau... Songes-tu parfois à l'exception et au privilège de cette fortune ?

GERMAINE.

Ce qu'on a toujours eu : on n'y prend pas garde, on n'en raisonne pas.

GEORGES.

Tu ignores les angoisses de la nécessité ; tu ignores le travail. Rentrant à l'aube, au sortir du bal ou au retour d'une villégiature, quand ta voiture traversait le Paris, matinal, tu n'as jamais considéré le peuple de jeunes filles, de femmes, qui se hâtent vers les boutiques et les ateliers. Des premières heures du jour à la nuit, elles travaillent à la toilette, aux mille objets d'ornement de leur sexe et dont sans doute elles n'auront pas une fois le moyen de se parer... Si tu pouvais comparer le prix d'un de tes colifichets au gain dérisoire des ouvrières, tu devinerais la destinée d'autres femmes, sœurs et filles de celles-ci, triste troupeau nocturne des villes que tes yeux n'ont jamais regardé.

GERMAINE.

Bien souvent, je remercie Dieu de m'avoir fait naître dans une situation fortunée, dans une famille heureuse.

GEORGES.

Des prières aux dieux indifférents et la jouissance de l'injustice ; ta conscience se contente de peu !

GERMAINE.

Où veux-tu en venir ?

GEORGES.

A te faire concevoir que ton bonheur matériel est fait de la misère des autres, que chaque bribe de luxe se compose des privations d'autrui. Alors tu comprendrais mes révoltes et tu évoquerais l'aurore de temps nouveaux. Les vingt sous par jour accordés après trente-cinq ans comme un bienfait à l'invalide Boussinier par les millions de ton pére, voilà le fait, la preuve.

GERMAINE.

Mais comment changer le hasard des naissances et des situations.

GEORGES.

En refaisant une société au lieu d'une loterie où les uns reçoivent de père en fils les mauvais numéros, où les autres restent invariablement les favoris de la fortune. Cette distribution chanceuse, le bon sens autant que la nécessité nous forcent à la reviser selon la justice et le travail, pour le bien de tous. Voilà mon rêve, mon utopie égalitaire, la révolution à laquelle je veux participer et si mes espoirs t'offensent, c'est qu'on nous a, comme tu dis, complètement séparés.

GERMAINE.

Ne me reproche pas l'éducation, les sentiments d'une jeune fille, ne déteste pas les idées des miens quand elles sont en moi.

GEORGES.

Ma chère compagne, j'y cherche ta vraie âme, l'âme de pitié et d'amour.

GERMAINE.

Depuis trois ans, tu t'es éloigné de nous. Comment ne m'aurait-on pas changée ?... Ton conseil me manquait après tant d'années où je consultais, pour tout, mon petit, mon grand camarade. Je te vois encore à ton arrivée des colonies, il y a quatorze ans, blotti farouche, dans un coin de la maison, cachant ta figure, et sanglotant : « J'veux maman ! » Je m'approche du grand garçon, brun et hâlé qui pleurait obstinément et avec la hardiesse de mes cinq ans, je dis à tes onze ans : « Monsieur le nègre, ne pleure pas : venez jouer au volant. » Ta tête se tourna, tu souris, tu étais acclimaté. Combien de fois, dès lors, as-tu amusé, consolé, et, en bon cheval de patience, porté et supporté ma gaminerie. De ces années d'enfance, de jeunesse, pas une journée, une pensée dont tu ne sois pas.

GEORGES.

Chère Germaine... Nul de ces souvenirs, des plus anciens aux derniers, n'est effacé de moi.

GERMAINE.

Et durant nos vacances en Suisse, le jour où nous nous échappâmes du jardin derrière l'hôtel, pour monter sur la montagne, pour arriver au glacier.

GEORGES.

Oui, le matin nous avions vu un couple d'Anglais partir avec un guide ; tu me dis : « Si nous allions aussi tout en haut ; tu seras le guide et moi je ferai l'Anglaise ».

GERMAINE.

A quinze ans, tu n'osas pas être moins hardi et plus raisonnable qu'une fillette de neuf ans.

GEORGES.

Avec des rires, des cris joyeux à chaque obstacle, nous escaladâmes pendant trois heures les pentes abruptes.

GERMAINE.

Et la fin fut si drôle.

GEORGES.

Nullement comique au contraire... devant une

haute paroi surplombant la profondeur du ravin, bien au-dessus de nos têtes, sur une proéminence de cette muraille avait poussé une nappe de ces fleurs alpestres pareilles, sous les rayons du soleil couchant, aux flocons de laine blanche.

GERMAINE.

Et qui portent ce joli nom : Edelweiss, *noble blanche.*

GEORGES.

Leste et hardie, tu en attrapas une pleine main avant moi et me tendis l'une des fleurs en disant de l'air le plus coquet : « pour mon petit mari ».

GERMAINE.

Ah ! Tu n'as pas oublié l'edelweiss.

GEORGES.

Je l'ai.

GERMAINE.

Vrai !

GEORGES, ouvrant son portefeuille et tirant la fleur d'une poche.

La voici.

GERMAINE.

L'espèce disparaît... On n'en trouve plus... Tu as bien fait de la garder... Tu te rappelles que la nuit venue subitement, nous ne savions plus où poser nos pieds, que la neige se mit à tomber et qu'on finit par nous retrouver aux torches et aux lanternes à demi-morts de froid.

GEORGES.

Serrés l'un contre l'autre.

GERMAINE, après un long silence.

Si tu te souviens, pourquoi t'être éloigné? Si les

fiançailles d'enfance liaient nos cœurs : ni querelles de mots, ni différences d'opinions ne devaient les désunir ?

GEORGES.

Germaine tu es riche, et tes parents ne m'aiment plus.

GERMAINE.

Mon père n'a pas renoncé au projet de notre mariage.

GEORGES.

Il préférerait te voir la femme d'un monsieur bien placé, d'un ingénieur comme Brunel.

GERMAINE.

C'est ta faute ! pourquoi vivre séparé de nous. Papa te voit au bureau, mais tu ne viens plus ici qu'à de rares intervalles, tu m'évites et si je demande à ton tuteur les causes de cette attitude, il détourne la conversation. As-tu, comme me l'affirme ma mère, l'intention de rompre... Sommes-nous déliés ?

GEORGES.

Suis les avis de ta mère.

GERMAINE.

Je ne prendrai conseil que de moi-même, mais j'exige une explication franche ; je te demande loyalement la vérité.

GEORGES.

Longtemps j'eus la pensée joyeuse que nous ferions route ensemble dans l'affection et la joie parfaites. Cet espoir avait tant de racines dans nos jeunes années qu'il semblait devoir étendre sur nous ses rameaux fleuris et fructifier. La vie l'a rendu stérile.

GERMAINE.

Non la vie, mais ta volonté ou ton caprice.

GEORGES.

L'obstacle s'est dressé, ou plutôt je l'ai créé comme si la logique des choses ne me permettait pas de continuer la maison Leterrier.

GERMAINE.

Ainsi, ce que mes parents murmuraient à voix basse ; ce qu'il m'a semblé entendre... Cette liaison.

GEORGES.

C'était vrai.

GERMAINE.

Ce que mon cœur écartait de vous comme une vilaine calomnie... C'était vrai !... Tandis qu'aimante, attachée à votre souvenir, je ne cessais, en toute occasion, de le défendre, vous reniiez le mien, vous l'outragiez par une liaison indigne avec...

GEORGES.

Germaine !

GERMAINE.

Avec une ouvrière de la fabrique... Et moi qui, pour lui complaire, renonçais presque mes principes, reniais mes croyances... Mais dites-moi, cette compagne, selon votre cœur, cette fille de l'atelier, pourquoi conséquent avec vos haines et vos amours, pourquoi n'en avez-vous pas fait madame Payel ?

GEORGES.

Je l'aurais dû; je ne le puis ; elle est morte !

GERMAINE.

Morte !

GEORGES.

Il y a un an, mais l'obstacle survit.

GERMAINE.

Adieu, monsieur.

GEORGES.

Adieu, Germaine !

Rideau.

ACTE DEUXIÈME

Même décor qu'au premier acte.

SCÈNE PREMIÈRE

LETERRIER, UN DOMESTIQUE.

LETERRIER, au lever du rideau, assis à côté d'un guéridon, lit un journal. Il se lève et, rejetant le journal d'un geste de colère fait quelques pas, revient ramasser le journal, recommence sa lecture et s'écrie :

Misérable sot! (Un domestique paraît.) Qu'est-ce ?

LE DOMESTIQUE, à la porte.

Monsieur Brunel.

LETERRIER.

Faites entrer... je l'attends... faites entrer tout de suite.

SCÈNE II

LETERRIER, BRUNEL.

LETERRIER, est allé au-devant de Brunel et lui serrant la main.

Je vous remercie d'être venu dès ce matin... Vous pressentez le sujet dont j'ai l'instant besoin de causer avec vous.

BRUNEL.

Je m'en doute.

LETERRIER.

Vous assistiez samedi au banquet des Associations populaires... Vous avez entendu le toast abominable prononcé par M. Payel.

BRUNEL.

Je l'ai déploré... Il provoqua les protestations de toutes les personnes raisonnables.

LETERRIER.

Vous avez lu les compte-rendus des journaux?

BRUNEL.

Oui...

LETERRIER.

Rapportent-ils exactement les paroles de Georges?

BRUNEL.

Presque littéralement. Des reporters présents ont sténographié les discours.

LETERRIER.

Ce malheureux aurait conclu en termes odieux

autant qu'absurdes. (*Il prend le journal et lit.*) « Puisque les barons du commerce, les princes de l'industrie, les rois de l'argent; les parasites et les oisifs avec tous les grands maîtres de la bourgeoisie se bouchent les oreilles et s'entêtent dans l'égoïsme et la spoliation, vienne la révolution contre les privilèges de l'ordre bourgeois, l'heure d'expier le crime d'être riche comme les nobles ont expié, il y a un siècle, les privilèges de l'ancien régime » ?... Le crime d'être riche ?

BRUNEL.

Des mots... Je venais d'énumérer les réformes acquises par le progrès pacifique... Votre neveu, s'est emballé.

LETERRIER.

Dans les journaux, c'est un tollé général.

BRUNEL.

Oh! il ne faut pas prendre au pied de la lettre les lignes de journaliste, ni trop s'émouvoir d'indignations... techniques.

LETERRIER.

Enfin, on donne M. Payel comme l'associé de ma maison : cela n'est pas.

BRUNEL.

Je croyais que votre neveu...

LETERRIER.

Mon neveu... mon neveu et surtout le fils de ce Payel... Ma pauvre sœur!... Pardonnez, cher monsieur, je ne sais plus ce que je dis tant me trouble l'accolement du nom des Leterrier à de pareils propos.

BRUNEL.

Il s'agit de M. Payel et de ses opinions ; votre honorabilité n'est pas en cause.

LETERRIER.

Plusieurs feuilles parlent de poursuites judiciaires.

BRUNEL.

Ce n'est pas impossible.

LETERRIER.

Ainsi mon propre neveu traînerait en police correctionnelle, en Cour d'Assises... j'aimerais mieux le voir mort, monsieur.

BRUNEL.

Il ne sera pas de votre avis... Mais ne vous affectez pas outre mesure... On tâchera d'éviter les conséquences de l'incident. L'intérêt que vous m'avez témoigné, l'estime où je tiens votre caractère m'encouragent à vous y aider.

LETERRIER.

Quelle reconnaissance ne vous devrais-je pas ?

BRUNEL.

Si M. Payel consent à la publication d'une note atténuant la fin de son toast, je demanderai, comme service personnel aux directeurs des deux plus importants journaux politiques, d'insérer la rectification. A bien réfléchir, une lettre vaudrait mieux qu'une note anonyme.

LETERRIER.

Je m'en charge.

BRUNEL.

Ensuite nous nous emploierons à désarmer le

parquet. J'ai dans mes relations l'un des magistrats, mon camarade de collège. Le gouvernement se soucie peu de procès politiques. Au revoir, monsieur, enchanté si je puis vous épargner un chagrin... je reviendrai tout à l'heure savoir la réponse de votre neveu.

LETERRIER.

Elle est signée... Vous ne partirez pas avant que madame et mademoiselle n'aient joint leurs remerciments aux miens. (Il va à une porte du côté droit et appelle :) Madame Leterrier, Germaine.

SCÈNE III

LES MÊMES, MADAME LETERRIER, GERMAINE.

LETERRIER.

Ma femme, ma fille, monsieur Brunel nous rend à tous un service inappréciable. Ses relations avec les directeurs de grands journaux lui permettent de faire démentir les insanités de Georges et de finir le scandale. Grâce à M. Brunel, à son excellente amitié, tout s'arrangera...

BRUNEL.

Avec l'acquiescement de M. Payel.

LETERRIER.

Sans nul doute... j'en réponds.

MADAME LETERRIER.

Monsieur, nous sommes d'autant plus touchées que les paroles de notre triste neveu sont faites pour indigner les honnêtes gens.

BRUNEL.

On met un peu sur l'effervescence de la jeunesse.

MADAME LETERRIER.

Hélas! ces mots de haine sont animés par un fonds d'idées pernicieuses.

LETERRIER, la poussant légèrement lui dit à voix basse.

Vous direz tant que vous refroidirez son zèle.

BRUNEL.

Trop heureux de rassurer ces dames et de faire plaisir à mademoiselle.

GERMAINE.

Merci de vous intéresser à ce pauvre Georges qui a perdu le sens commun.

Brunel s'incline respectueusement, salue et sort.

SCÈNE IV

LES MÊMES, moins BRUNEL.

LETERRIER.

L'excellent jeune homme! Pourquoi n'est-ce pas lui mon neveu? Voilà le cinquantenaire de la maison, la soirée, la fête rendus impossibles... Après cela, je vais en donner des titres de rente aux ouvriers. (A Germaine.) Mon enfant, je ne veux plus entendre parler de Georges; jamais tu ne seras la femme de ce fou furieux.

GERMAINE.

Père, n'insistez pas... je n'ai nulle intention d'épouser mon cousin.

LETERRIER.

Tant mieux !... Rentre dans ta chambre, fillette ! (*Il la conduit vers la porte de droite et revient vers sa femme.*) Je redoutais entre eux quelque engagement...

MADAME LETERRIER.

Ma fille, élevée religieusement, sait se conduire. Mais quand je blâmais l'intimité des deux enfants ; vous ne m'écoutiez pas, vous n'aviez d'oreilles que pour votre famille : elle vous chante de jolies chansons !

LETERRIER.

Ça changera... je suis las d'entretenir chez moi des adversaires ou des indifférents... Avant tout, empêchons le scandale dont ma maison serait éclaboussée.

MADAME LETERRIER.

Vous ne l'éviterez pas. Supposer que Georges démentira ses bravades, c'est mal le connaître.

LETERRIER.

Je le contraindrai.

MADAME LETERRIER.

Personne n'a prise sur cet intraitable caractère.

LETERRIER.

J'ai les moyens de le plier, vous dis-je. S'il résiste, je supprime ses rentes et le renvoie de la maison.

MADAME LETERRIER.

Même sous la menace, il ne cédera pas.

LETERRIER.

Henri lui posera mon ultimatum... Henri est mon

employé... d'un geste je puis le réduire à rien... Il saura que je ne lui donne pas quinze mille francs d'appointements pour soutenir les révoltes d'un pupille déshonorant... Georges qui aime tendrement son tuteur craindra de l'entraîner dans sa ruine... Comprenez-vous?... Une fois l'affaire étouffée, je les mets tous deux à la portion congrue, je rogne les rentes. Ah! mon petit, tu réclames la tête des bourgeois. On va t'en montrer, du bourgeois, et de la façon. Je tiens encore le bon bout, tu l'apprendras à tes dépens.

MADAME LETERRIER.

Ne vous congestionnez pas ; gardez le sang-froid ; voici votre frère.

SCÈNE V

LES MÊMES, HENRI.

MADAME LETERRIER.

Je vous laisse.

HENRI.

Mais vous ne me gênez pas, ma sœur !

LÉTERRIER.

Flore! Il vaut mieux que nous soyons seuls, Monsieur Leterrier et moi.

Madame Leterrier sort.

SCÈNE VI

LETERRIER, HENRI.

LETERRIER.

C'est de Georges que je veux vous parler ?

HENRI.

Sa sortie insensée me fait d'autant plus de peine que vous devez en être très irrité.

LETERRIER.

Les journaux impliquent dans le scandale la maison Leterrier et votre pupille s'est placé sous le coup de poursuites judiciaires.

HENRI.

C'est déplorable!

LETERRIER.

Frappez-vous la poitrine, et dites : c'est ma faute! Je fus l'éducateur de cet énergumène!

HENRI.

Ne m'accablez pas : l'événement m'afflige assez ? La tutelle de Georges me fut imposée, vous le savez bien, par les dernières volontés de Jeanne. Pouvais-je refuser et mettre un orphelin, fils de notre sœur, à la charge d'étrangers ?... J'ai aimé l'enfant... Sans doute je me reproche de n'avoir pas usé d'autorité dans la direction de ses idées, ni combattu ses instincts et ses penchants. Ce feu de jeunesse, je comptais sur les années pour l'apaiser.

LETERRIER.

Jamais vous n'acceptez sérieusement un devoir ; jamais vous n'eûtes ni le ton, ni les manières d'un maître. Par vos passions vous avez gâché votre vie — et par votre faiblesse, celle de Georges. Ah ! le ton léger, la raillerie sont faciles pour qui n'a plus rien à prétendre. C'est le manque de principes, le dédain des choses respectables, le scepticisme du tuteur qui attisèrent l'irrespect, les révoltes du pupille ; il est bien votre ouvrage.

HENRI.

Arsène, vous manquez de générosité.

LETERRIER.

Pensez-vous m'en remontrer ?... Je dis la vérité, rien de plus. Comment comptez-vous agir avec M. Payel ?

HENRI.

A vingt-huit ans, il ne dépend plus de moi... La crainte de me faire de la peine ne l'a pas retenu...

LETERRIER.

Il est en votre pouvoir d'arrêter l'éclat.

HENRI.

Je ferai pour le mieux.

LETERRIER.

M. Maurice Brunel me promet une rectification des journaux si Georges veut y souscrire. Je vous prie de le décider...

HENRI.

A une rétractation ?

LETERRIER.

A retirer des mots en l'air, des paroles échappées

à l'improvisation. Ainsi le parquet abandonnera les poursuites.

HENRI.

C'est la solution désirable. Georges consentira-t-il ?

LETERRIER.

Oui, si vous faites appel à son affection, à sa reconnaissance...

HENRI.

J'hésite à lui demander un acte raisonnable assurément, mais qu'il considérera comme une reculade.

LETERRIER.

Il le faut.

HENRI.

Je suis fort embarrassé...

LETERRIER.

Vos tergiversations me feront perdre patience... Voilà un mauvais sujet, renégat de sa classe, qui en attaquant les siens et menaçant la société, s'est mis hors du droit et sous la vindicte des lois, qui a compromis avec le bon renom de la famille, celui de la maison dont il vit... et alors qu'on propose de le tirer d'affaire, ce sont manières et grimaces pour le prier de bien vouloir...

HENRI.

Mais Arsène, j'appréhende un refus.

LETERRIER.

Trouvez des arguments pour le convaincre... dites que sa fortune dépend de moi, que je le renverrai et le réduirai à rien.

HENRI.

Il ne se rendra pas aux considérations de ce genre.

LETERRIER.

Ajoutez que vous porterez la peine de sa conduite et que, s'il s'entête dans sa révolte, vous en serez le mauvais marchand.

HENRI.

Ce qui signifie ?

LETERRIER.

Que je cesserai de renter des ennemis ou des adversaires : je romprai avec vous.

HENRI.

Vous lui couperez les vivres, vous me casserez aux gages. La bourse ou la signature. Si Georges ne se rétracte pas, il nous ruine.

LETERRIER.

Vous avez posé le dilemme ?

HENRI.

Joli calcul, mon frère ; mais je ne soumettrai pas Georges à ce marché.

LETERRIER.

A votre aise.

HENRI.

Mon plus ardent désir serait d'amener votre neveu à une concession nécessaire... Mais les injonctions et les mesures n'y peuvent rien. Georges ne dépend pas de nous : il possède une part de la maison.

LETERRIER.

Une part de ma maison! Votre tête est à l'envers...

Pour la dernière fois, je vous engage à persuader M. Payel, dans son intérêt, dans l'intérêt de tous. Il m'a fait dire au téléphone qu'il viendrait à onze heures. (Tirant sa montre.) C'est l'heure. Parlez-lui d'abord.

Il sort.

SCÈNE VII

HENRI, puis GEORGES.

Henri assis, préoccupé ; Georges entre, s'approche de lui la main tendue. Henri l'écarte.

GEORGES.

Si fâché, mon oncle.

HENRI.

Je ne veux plus te voir... Poursuis loin de moi la carrière des sottises... méchant garçon, aussi incapable d'affection que de retenue et de sens commun... égoïste.

GEORGES.

Tout ce que vous voudrez, pas égoïste.

HENRI.

N'est-ce point égoïsme de laisser éclater tes sottises aux dépens de ceux qui t'aiment, de leur repos et de leurs intérêts. Pourvu que ton volcan fasse éruption, peu importe où les éclats retombent, si nous sommes atteints et blessés... Tu ne considères ni mon chagrin, ni le dommage que tu te causes ; tu n'en as pas le moindre souci.

GEORGES.

Je n'oublierai jamais ce que je vous dois de tendresse.

HENRI.

Tu la montres !

GEORGES.

Ne l'ai-je pas prouvée récemment dans la plus grave circonstance, par le sacrifice d'un cher devoir ?

HENRI.

En n'épousant pas mademoiselle Méchin, une ouvrière de la fabrique.

GEORGES.

En cédant au préjugé... à vos préventions, à la crainte de vous affliger : en ne faisant pas ce que j'aurais dû.... Je me le reproche sans cesse depuis la mort de Marie.

HENRI.

L'affection, les arrangements familiaux, te liaient à ta cousine. Tu as renoncé au mariage avec Germaine pour reconnaître l'enfant de mademoiselle Méchin... Je suis le grand oncle d'une petite Méchin.

GEORGES.

Marie morte en couches : devais-je mettre l'enfant à la rue ?

HENRI.

Il ne s'agit pas de cela...

GEORGES.

Mon cher tuteur : depuis l'âge où vous avez pris soin de moi, votre bonté, votre patience, votre indulgence ne se lassèrent point. Je grandis hors du mensonge et de la dissimulation, sans contrainte, librement, auprès du meilleur des aînés, dans une chaleur d'affection, une indicible joie de camaraderie. Je les ressens avec l'émotion de la reconnaissance... Mon oncle, soyez indulgent à l'homme autant qu'à l'enfant.

HENRI.

Approuver que tu te compromettes, te ruines, que tu nous décourages tous : mille fois non !

GEORGES.

Blâmez, grondez, censurez, mais ne m'ôtez pas de votre affection.

HENRI.

C'est toi qui t'en retranches.

GEORGES.

Je ne puis plus transiger avec ma conscience ; elle m'ordonne de me rendre utile, de parler, et, s'il le faut, d'agir. A vingt-huit ans, mes paroles et mes actes n'engagent que moi : j'en assume la responsabilité.

HENRI.

Mon pauvre enfant, à quelles désillusions tu cours ; que de désenchantements pour ta peine ! Tu imagines changer le sort des misérables et hâter l'avènement du bonheur universel. Mais vois comment chaque prétendue conquête du progrès aboutit à sceller l'édifice d'inégalité, à consolider le château-fort d'injustices. Les idéologues sont les endormeurs d'une misère qui se réveille plus aiguë et plus vorace en maudissant ses songes.

GEORGES.

Alors, table rase ! faisons la révolution !

HENRI.

La société est immuable ; rien ne changera l'empirisme de la force en règne de la justice. Le pétard de l'anarchie ferait voler en poussière la machine du monde, qu'il survivrait toujours deux hommes pour continuer l'inégalité et recréer les différences.

GEORGES.

Donc tout est bien ! croisons-nous les bras ! et vive la joie !

HENRI.

Non tout n'est pas bien, mais que faire ?

GEORGES.

Poursuivre le mieux, s'y donner tout entier.

HENRI.

Perdre ta situation, ta fortune, changer d'état. J'ai passé par là, dans une crise de passion, dans le désir d'échapper au trafic industriel et commercial, dans l'aspiration à une existence plus originale et plus intelligente. Je prétendis affranchir ma vie, libérer mes jugements : *je me déclassai.* L'état du déclassé n'est pas tenable près de ceux dont ses habitudes, son éducation le rapprochent sans cesse ; et fatalement arrive qu'il se sente humilié, malheureux. Crois-en sur parole un vieil homme désenchanté auquel tu ne laisses même pas l'espérance de te voir heureux.

GEORGES.

J'ai su votre vie ; je vous ai mieux et plus tendrement aimé d'être supérieur à ces bourgeois uniquement attachés au calcul des profits, qui pas une fois ne regardèrent au-dessus ou au dehors, ni ne sentirent la séduction d'une idée... Vous pensez, vous sentez humainement ; l'humeur passionnée, l'esprit fier et libre soufflèrent ce dédain des situations, ce mépris de l'argent que j'admire.

HENRI.

Profite plutôt de mon expérience ; garde jalousement ta petite fortune... Au hasard des jeunes années, on jette l'argent par toutes les fenêtres, sur tous les chemins de joie, de fantaisie ou de passion sans se préoccuper de la fin du sac ; on ne trouve jamais trop coûteuse la course au plaisir et la poursuite des chimères ; on se flatte de chances extraordinaires et de reprises imprévues pour remplir ses brèches... On compte sur son élasticité pour rebondir ; on remonte, on redescend, on se refait, on se décave jusqu'au jour où soudain une vieillesse besogneuse agrippe le vieil homme au ressort usé. Finis les espoirs, bienheureux s'il lui reste l'insouciance... Tu me l'ôtes.

GEORGES.

Mon cher oncle !

HENRI.

Ainsi s'achève piteusement ma vie. A soixante ans, je dépends... Naguère, il me pesait de continuer l'industrie de mon père, de diriger la maison Leterrier ; depuis dix ans je suis l'employé, le commis d'Arsène ; ce n'est pas drôle !... Par mon exemple, apprends à vivre ! tu roules à la ruine : enraye. Déjà séparé de Germaine, un éclat public t'aliène son père. Il est capable de te ruiner ; il t'en menace si par une lettre aux journaux tu ne corriges ton toast.

GEORGES.

Sérieusement ?

HENRI.

C'est son ultimatum.

GEORGES.

Nous verrons.

HENRI.

Prends garde ! tu ne connais pas Arsène ; c'est un homme terrible. Tu n'as pas discerné sous sa surface satisfaite et bonasse les énergies toujours éveillées : du lucre et de la vanité... Il t'en cuirait de ne pas le ménager... Je me moque de ses ridicules, mais je redoute sa supériorité dans un débat d'intérêt. Aux minutes critiques de ma vie où j'eus recours à lui, il me donna le coup de grâce avec un air de sauveur... Gare à tes rentes.

GEORGES.

Il ne peut rien contre une situation réglée. Au pis, je m'emploierais ailleurs.

HENRI.

Les fabriques, les maisons de commerce seraient fermées au bourgeois qui pactise avec la révolution.

GEORGES.

J'irai au peuple ; l'atelier ne me repoussera pas.

HENRI.

Ton instruction, ton éducation t'isolera. Les ouvriers ne comprendront pas ton sacrifice : ils en suspecteront la sincérité. On accusera d'ambition, de duplicité « le fils de bourgeois ». Autour de ce mot là, quels sarcasmes.

GEORGES.

Eh bien ! si contre ma conviction, mes espérances, l'iniquité se reproduisait fatalement, si la justice n'était qu'un leurre et la révolution une duperie ; si les misérables devaient haineusement cracher sur la main tendue pour les redresser : ma volonté ne serait pas affaiblie... En moi, la vérité et la justice existent ; leur force gonfle mon cœur, l'idée m'enivre, le besoin d'agir me transporte ; je cherche la joie de l'action, je veux la volupté du dévouement, j'aspire à vivre pour quelque chose de beau. Descendre parmi les deshérités, combattre pour eux et souffrir avec eux, c'est satisfaire mon envie, c'est ma passion que j'assouvis. Une fortune, une existence n'est pas trop payer ce contentement. En regretterai-je jamais le prix si arrivé à la vieillesse, en regardant la carrière d'un regard plein d'idéal, je puis dire : j'ai bien vécu!

HENRI.

Je ne dis plus rien... son enthousiasme me remue... Vis, mon cher petit, selon ton esprit, ton intelligence et ton cœur ; tu as réveillé dans un vieil égoïste les sentiments généreux. Tu as gagné la cause de la folie. Elle vaudra mieux que mon désordre ou l'ordre d'Arsène.

GEORGES, *lui prenant les mains.*

Je suis heureux... A ne pas vous sentir avec moi, j'aurais eu moins de courage. Me voilà invulnérable.

HENRI.

Tu prendras donc le taureau par les cornes ; je veux dire que tu parleras à Arsène... moi je n'ai pas envie d'essuyer son humeur.

Un domestique entre.

SCÈNE VIII

LES MÊMES, UN DOMESTIQUE.

LE DOMESTIQUE.

M. Brunel est là ; dois-je l'introduire auprès de ces messieurs?

HENRI, à demi-voix.

Ton oncle a prié Brunel de s'entremettre pour toi auprès des journaux. Veux-tu causer avec lui ?

GEORGES.

Oui, je le découragerai tout de suite.

HENRI, au domestique.

Priez M. Brunel d'attendre mon frère auprès de nous.

Le domestique sort.

SCÈNE IX

LES MÊMES, BRUNEL.

GEORGES.

Monsieur, on vient de m'apprendre votre obligeante entremise. Je vous en remercie d'autant plus que la différence de nos opinions ne me l'eût pas fait espérer.

BRUNEL.

Nous ne différons que sur les moyens ; notre but est le même : vous voulez arriver sans étape, violemment ; je m'achemine par le progrès.

HENRI, *ironiquement.*

Lent, mais sûr.

BRUNEL.

Comme dit Monsieur en se raillant... Pourtant je regretterais que mon intervention pût être mal interprétée. M. Leterrier a désiré causer avec moi de l'incident du banquet : son inquiétude et, le mot n'est pas trop fort, son désespoir m'ont ému ; je lui ai proposé d'amortir l'affaire avec votre assentiment.

GEORGES.

Si je comprends bien, un désaveu de mes paroles est la condition.

BRUNEL.

Une lettre, tout au moins une note pour atténuer les expressions dangereuses.

GEORGES.

Monsieur, vous me conseillez cette... rétractation.

BRUNEL.

Il serait sage de céder à la nécessité et d'éviter un procès qui atteindrait les vôtres.

GEORGES.

Vous êtes d'avis que je désavoue ou laisse désavouer mes paroles pour en esquiver la responsabilité... A ma place, le feriez-vous ?

BRUNEL.

C'est une hypothèse que vous me permettrez de ne pas envisager.

GEORGES.

Je suis on ne peut plus sensible à vos bons offices...

BRUNEL.

Mais vous me priez de ne pas les pousser plus loin.

HENRI.

Georges gardera le souvenir de vos parfaites intentions. Ne trouvez pas mauvais qu'il refuse de se démentir.

BRUNEL.

Voulez-vous transmettre mes regrets à votre frère.

Brunel s'incline ; au moment où il va sortir, Leterrier entre.

SCÈNE X

LES MÊMES, LETERRIER.

LETERRIER.

On m'a prévenu que vous étiez ici, j'accours, cher Monsieur. Vous avez eu le temps de causer avec eux, de vous entendre.

BRUNEL.

C'est entendu... M. Payel refuse.

LETERRIER, *sursautant.*

Hein !

BRUNEL.

De rien écrire ou laisser publier.

LETERRIER, *furieux.*

Tu as osé...

GEORGES.

Mes paroles expriment une opinion réfléchie : je les maintiens toutes.

LETERRIER, à Henri.

Vous avez permis... vous souffrez qu'il nous brave de la sorte ! C'est votre façon de suivre mes avis ?

GEORGES.

Espériez-vous par des menaces réduire ma conscience ! Les conseils de mon tuteur n'ont pu me faire changer d'esprit et il me reconnaît le droit de penser et d'agir librement.

LETERRIER.

Ah ! vous êtes d'accord... Monsieur Brunel, je veux que vous voyiez comment un Leterrier dirige sa maison et sa famille.

BRUNEL.

Je vous prie de m'en dispenser... Ma présence ne ferait qu'envenimer le différend.

LETERRIER.

Mille excuses, cher Monsieur et croyez à ma reconnaissance. Votre intervention me vaut un ami... Nous nous retrouverons.

Il serre avec effusion les mains de Brunel qui sort.

SCÈNE XI

LES MÊMES, moins BRUNEL.

LETERRIER, à Georges.

Maintenant, Monsieur, expliquons-nous et réglons nos affaires... Ne vous éloignez pas, mon frère, vous aurez votre tour. Pendant trois ans, vous avez vécu contrairement à votre dignité, à votre situation avec une ouvrière de la fabrique.

GEORGES.

Il ne vous appartient pas plus de juger ma vie privée qu'à moi de regarder la vôtre.

LETERRIER.

Passons... Vous avez trouvé bon, l'autre soir, de proférer publiquement des paroles séditieuses, des menaces contre la bourgeoisie. Ces invectives ont provoqué l'indignation des journaux et constituent un crime.

HENRI.

Oh ! un écart de langage...

LETERRIER.

Un crime moral justiciable des tribunaux. Il ne me convient pas qu'une personne tenant de près ou de loin à la maison Leterrier, remplisse la presse et finisse en Cour d'Assises.

GEORGES.

Bref ! que prétendez-vous ?

LETERRIER.

Eviter les éclaboussures du scandale où vous persistez, séparer radicalement votre cause de mes affaires. Vous discréditez la maison, je vous en exclus. Désormais, vous ne m'êtes plus rien.

GEORGES.

C'est dit... Mais comment évaluer ma part dans la fabrique et la maison de commerce ? Une expertise s'impose.

LETERRIER.

Pardon, vous êtes, non pas associé mais commanditaire et votre commandite se trouve réduite par vos avances des dernières années.

GEORGES.

Avances sur les intérêts.

LETERRIER.

Nous rompons, plus d'intérêts ! je rembourse, diminué des avances, le capital, environ huit mille francs. J'arrondis la somme ; en tout dix mille francs, à votre disposition, contre quitus, pour fin de compte.

HENRI.

Doucement, Arsène, les cinquante mille francs que vous n'avez jadis pu payer à Jeanne forment une part de la société. Ils décuplèrent avec votre fortune. Le compte est facile à faire ; au moins trois cent mille francs pour Georges, à qui, jusqu'ici, vous n'avez jamais dénié la qualité d'associé.

LETERRIER.

Je sais ce que je dis : commanditaire et pas associé : une situation de fait.

HENRI.

Arsène, pour un dissentiment, vous ne ruinerez pas le fils de votre sœur.

LETERRIER, s'animant.

Vous doutez de ma bonne foi ?

HENRI.

La rancune vous égarerait-elle au point de dépouiller notre neveu.

GEORGES.

Laissez voir, mon oncle jusqu'où va la droiture d'un grand industriel.

LETERRIER, *affectant la colère.*

Liguez-vous, insultez, menacez, calomniez, plaidez. Fort de mon honorabilité et de l'estime publique, j'attends tranquillement. (*Il frappe violemment sur la table.*) Je suis le maître, le maître, et vous ne m'effrayez pas.

SCÈNE XII

LES MÊMES, MADAME LETERRIER.

MADAME LETERRIER.

Mon ami, baissez la voix ! Qu'y a-t-il ? Pourquoi cette dispute ?

LETERRIER.

Monsieur, soutenu par son tuteur, veut être l'associé de ma maison et m'enlever toute la fortune que j'ai gagnée.

GEORGES, *à Henri.*

Il a de l'aplomb !

MADAME LETERRIER.

Mais chacun sait que Jeanne, avant de suivre l'inventeur toqué, vous supplia de conserver une petite somme pour son fils. La pauvre fille dans ses disgrâces conjugales eut à se féliciter de cette lueur de sens commun.

GEORGES, *d'une voix vibrante.*

C'est de mon père et de ma mère que vous parlez ainsi ?

MADAME LETERRIER.

Monsieur...

GEORGES.

De mon père, doux rêveur qui donna son génie et sa vie à la science et à l'humanité ; de ma mère, épouse admirable, commandant le respect à toutes les femmes, surtout à celles dont les faiblesses et les fautes ne sont pas oubliées.

MADAME LETERRIER.

Qu'osez-vous dire ?

GEORGES.

Vous me comprenez...

MADAME LETERRIER.

Arsène, on insulte votre femme... Ce petit misérable m'outrage, moi ! (*Elle éclate en sanglots.*) Ah ! mon Dieu !

Elle se trouve mal.

LETERRIER.

Bandit, tu l'assassines !... Flore, remettez-vous. (*Il lui frappe dans la main.*) Reviens à toi, ma biche ! (*Courant à la porte et l'ouvrant.*) Berlitz, mademoiselle Berlitz.

SCÈNE XIII

LES MÊMES, MADEMOISELLE BERLITZ.

MADEMOISELLE BERLITZ.

Monsieur... Ah ! Madame !

MADAME LETERRIER, ouvrant les yeux et soupirant.

J'ai cru mourir.

LETERRIER.

Mademoiselle, aidez-moi à reconduire madame Leterrier.

Leterrier et mademoiselle Berlitz prennent madame Leterrier sous le bras et la mènent à la porte.

MADAME LETERRIER.

Mon ami, je puis marcher.

HENRI.

Allons, tout s'arrange bien...

SCÈNE XIV

HENRI, GEORGES, puis LETERRIER.

LETERRIER, rentrant violemment et montrant la porte à Georges.

Va-t-en... et vous, son maître et son défenseur, ne comptez plus sur moi.

HENRI.

Vous me renvoyez.

LETERRIER.

Vous étiez averti.

GEORGES.

Mon oncle, vous ne m'en aviez rien dit.

HENRI.

A quoi bon ? En feignant l'indignation, monsieur préparait coup double : dépouiller son neveu et son frère : deux bonnes affaires.

LETERRIER.

A la fin, en rabattras-tu, et faut-il te rappeler le désordre dégradant de ta vie, le gaspillage de ton patrimoine, mes bontés et ton ingratitude. Deux fois aux abois, menacé du déshonneur, tu vins implorer mon aide en pleurant et je te sauvai... il y a douze ans, décavé, discrédité, je te recueillis, je t'ai donné une place à mon foyer, dans ma maison... je t'ai fait des rentes.

HENRI.

Menteur, hypocrite : tu t'es emparé de mon bien comme tu spolies aujourd'hui cet enfant. Traqué par les dettes, je recourus à toi et tu me proposas de racheter ce qui me restait dans la maison pour le sauver des usuriers et des prêteurs. Tu frustras mes créanciers et je fus ta dupe. Je te cédai ma part contre une somme dérisoire avec la promesse d'un emploi et de son revenu. Tu me le voles ; à soixante ans, tu me pousses dans la rue : voilà tes bienfaits.

LETERRIER.

Je ne nourris ni n'entretiens d'adversaires chez moi ; j'y suis le maître.

HENRI.

Tu m'as tout pris, tu veux encore me retirer, par tes calomnies, l'affection de mon pupille; qu'il apprenne à te connaître... Georges! cet hypocrite, qui tout à l'heure s'effarouchait de ta liaison, a enlevé jadis Flore, la femme de son ami Chalmin et prospéré dans l'adultère.

LETERRIER.

Traître, est-ce assez?

HENRI.

On le croirait rassis. Point du tout... Cette pauvre fille contrefaite, objet de pitié, qui vit dans sa maison, à côté de sa femme, auprès de Germaine, il ne l'a pas épargnée.

LETERRIER.

Hors d'ici, débauché, joueur.

HENRI.

Bourgeois!

LETERRIER, à tous deux.

Je vous chasse...

GEORGES.

Oh! oh!

LETERRIER.

Je vous chasse et si vous ne sortez pas tout de suite, j'appelle.

HENRI.

Ordonne aux domestiques de jeter dehors ton frère et ton neveu que tu as détroussés.

GEORGES.

Nous partirons à notre aise et quand vous aurez changé de ton.

LETERRIER.

Alors c'est moi qui sortirai.

Il sort.

SCÈNE VX

GEORGES, HENRI.

GEORGES.

« O père de famille! O poète je t'aime ».

HENRI.

Tu trouves ça drôle.

GEORGES.

Je souris de « bourgeois » devenu dans votre bouche le vice suprême.

HENRI.

Ton enthousiasme m'a gagné; sa méchanceté me convertit.

GEORGES.

Nous tâcherons de reprendre quelques-unes de nos plumes à ce vautour.

HENRI.

Il est armé d'un bec tranchant, d'ongles de métal; nous sommes démunis.

GEORGES.

Et l'affection, le courage, la confiance mutuelle, ne sont-ce pas des munitions. Et la force de s'apprécier, de s'aimer, de se sentir purs des calculs et des vilenies d'un Leterrier. Tout à l'heure, en apprenant avec quel désintéressement superbe, sans m'avertir, vous aviez sacrifié toutes vos ressources à mon rêve, combien j'aimai et j'admirai mon tuteur, mon père depuis tant d'années.

HENRI.

Embrasse-moi.

Ils s'embrassent et sortent.

Rideau.

ACTE TROISIÈME

Même décor que précédemment.

SCÈNE PREMIÈRE

GERMAINE, MADEMOISELLE BERLITZ.

GERMAINE.

Alors, mademoiselle, vous avez vu l'enfant de Georges.

MADEMOISELLE BERLITZ.

M. Leterrier m'en avait priée. Cette enfant était placée, comme on le lui a dit, chez la femme d'un garde du bois de Vincennes. C'est une petite fille chétive, mais mignonne et gentille.

GERMAINE.

De quel âge ?

MADEMOISELLE BERLITZ.

De vingt mois... Elle parle très bien... On l'appelle Marie.

GERMAINE.

Un nom bien peuple... pauvre Georges !

MADEMOISELLE BERLITZ.

M. Payel avec un enfant, avec votre oncle à sa charge est à plaindre.

GERMAINE.

Il n'a fait que des sottises... Mon oncle et lui furent ingrats et méchants envers mes parents. Mais papa qui a prouvé son droit et gagné le procès contre eux ne les laissera pas dans l'embarras. Déjà, il se préoccupe de l'enfant.

MADEMOISELLE BERLITZ.

Elle est sa petite nièce, après tout.

GERMAINE, sèchement.

Une enfant née au hasard, dans l'irrégularité n'est pas de la parenté d'une famille honorable... pardonnez ma vivacité.

MADEMOISELLE BERLITZ.

Excusez-moi, au contraire, ma petite Germaine, je suis une maladroite.

GERMAINE.

Aujourd'hui moins que jamais je ne voudrais vous faire de peine, ma bonne Berlitz.

MADEMOISELLE BERLITZ.

Il vous arrive du bonheur nouveau ?

GERMAINE.

Une grande joie... M. Maurice a écrit à mon père, dans des termes qui ne laissent pas de doute sur ses intentions; il doit venir tout à l'heure causer avec mes parents.

MADEMOISELLE BERLITZ.

Et demander votre main... Son assiduité, ses soins vous le faisaient prévoir.

GERMAINE.

Je sentais que je ne lui déplaisais pas, mais soit discrétion, soit timidité, il ne s'est pas déclaré.

MADEMOISELLE BERLITZ.

M. Brunel timide, oh, pas du tout! Il est très sûr de soi dans sa correction parfaite.

GERMAINE.

Sa recherche me rend heureuse.

MADEMOISELLE BERLITZ.

Vous l'aimez?

GERMAINE.

Comment serais-je indifférente à la sympathie d'un homme aussi distingué? Depuis un an, j'ai apprécié ses qualités sérieuses, son intelligence et son jugement. J'aime sa tenue sa façon de parler, d'exprimer des idées raisonnables et belles, nos idées à tous.

MADEMOISELLE BERLITZ.

La situation de M. Brunel n'est pas à dédaigner.

GERMAINE.

Elle écarte la supposition d'un mariage d'intérêt!

MADEMOISELLE BERLITZ.

Evidemment.

GERMAINE.

Vous semblez froide à son endroit... Comment le trouvez-vous?

MADEMOISELLE BERLITZ.

Mais... très bien.

GERMAINE.

Dites votre avis sincère, j'y tiens.

MADEMOISELLE BERLITZ.

M. Brunel possède toutes les qualités que vous avez reconnues.

GERMAINE.

Berlitz, pas de faux-fuyants!

MADEMOISELLE BERLITZ.

Pour mon goût, je voudrais moins de froideur, de mesure et de correction : un peu plus d'emballement et de passion, un grain de romanesque.

GERMAINE.

Des emballés, des cerveaux fêlés, j'en ai vu, je sais ce qu'en vaut l'espèce, bonne à décevoir tous ceux qui l'ont aimée... Sitôt mariée, je me mets en quête d'un héros de roman et je vous trouve un petit fils d'Hernani ou de Don Quichotte.

MADEMOISELLE BERLITZ.

Un mari imaginaire... Est-ce qu'un autre voudrait d'une pauvre écloppée comme moi?

GERMAINE.

Je vous fais du chagrin.

MADEMOISELLE BERLITZ.

Germaine!... Ce dont j'ai le cœur gros au point d'en pleurer, c'est d'apprendre que je vous perds. Vous avez gardé près de vous, en amie, l'institutrice inutile; je n'étais pas préparée à l'inévitable.

GERMAINE.

Chère mademoiselle, vous ne serez pas séparée de

nous, rejetée au hasard des cachets... Nous vous trouverons un emploi.

Mademoiselle Berlitz éclate en sanglots, Germaine l'embrasse, à ce moment entre Leterrier.

SCÈNE II

LES MÊMES, LETERRIER.

LETERRIER.

On pleure ici... pourquoi?

GERMAINE.

Mademoiselle, à qui j'ai confié la nouvelle, est désolée de nous quitter... Je puis lui promettre une situation près de nous, n'est-ce pas mon père?

LETERRIER.

Assurément... Tu as tort d'ébruiter d'avance une affaire aussi grave.

GERMAINE.

Mademoiselle n'est-elle pas de la famille?

LETERRIER, *continuant.*

Et mademoiselle Berlitz devrait se réjouir du bonheur qui t'est promis.

MADEMOISELLE BERLITZ.

Le chien n'a plus le droit de pleurer quand sa maîtresse le quitte?

GERMAINE.

Je voudrais que tout le monde fût content... Aussi vais-je vous adresser encore une prière... Cher père, pardonnez à mon oncle Henri, à Georges.

(Sur un geste violent de Leterrier.) Ne laissez pas votre frère et votre neveu dans le dénûment.

LETERRIER.

Ils n'existent plus pour moi... Ne me parle jamais d'eux. Mais c'est l'heure de t'habiller... va.

GERMAINE.

Je n'ai qu'à changer de robe.

Germaine sort.

SCÈNE III

MADEMOISELLE BERLITZ, LETERRIER.

LETERRIER.

Vous lui aurez, je parie, chanté complainte sur ces coquins.

MADEMOISELLE BERLITZ.

J'ai dit à Germaine que la situation de votre frère et de votre neveu était digne de pitié.

LETERRIER.

Vous ne savez pas ce que vous dites.

MADEMOISELLE BERLITZ.

J'imaginais que vous vous enquériez de l'enfant de M. Payel dans une intention généreuse : c'était pour savourer la détresse du père. Désormais je ne veux plus servir vos rancunes.

LETERRIER.

Nerveuse et agressive.

MADEMOISELLE BERLITZ.

Sans cœur et impitoyable.

LETERRIER.

Je ne suis pas méchant, je me défends ; mais j'aime bien ceux que j'aime. Ainsi vous Fanny...

MADEMOISELLE BERLITZ, amèrement.

Vous m'aimez!...

LETERRIER.

Je vous aime bien et le prouverai. Après le départ de Germaine, je ne change pas vos conditions et je crée une place pour vous dans mes bureaux.

MADEMOISELLE BERLITZ.

Et les vilenies, les saletés recommenceront, n'est-ce pas ?

LETERRIER.

Oh! point de phrases de roman, pas de scène! Ce n'est pas le jour.

MADEMOISELLE BERLITZ.

Tant d'égoïsme me révolte. Vous fuyez les explications... Ce que j'ai à dire, vous l'écouterez à l'instant même... Avant d'entrer ici, humble donneuse de leçons, malheureuse estropiée, j'étais une honnête fille. Pourquoi m'avez-vous persécutée, vaincue, désespérée... Ah ! je ne m'illusionne pas ! c'est que j'étais là sous votre main, sans défense, une chose payée, une proie ! et qu'en me prenant vous rattrapiez l'argent que je recevrais pour instruire votre fille.

LETERRIER, à demi-voix.

Un entraînement, de notre faute à tous deux.

MADEMOISELLE BERLITZ.

Je ne vous aime pas, je tremble à votre approche... Sans amour, sans attrait j'ai cédé à un homme de soixante-deux ans, à un vieillard. Et quand je cherche au fond de moi les motifs de ma faiblesse, je ne trouve rien qu'instinct de servilité et lâche complaisance. Quelle abjection !

LETERRIER.

Ma parole ! elle devient folle !

MADEMOISELLE BERLITZ.

Dix fois j'ai eu envie de me tuer, de vous tuer... Sans mon attachement à Germaine, j'aurais crié, je crierais ces vilenies à tout le monde...

LETERRIER.

Cessez, je vous en supplie ; ma fille et Madame sont là tout près... Ce que vous voudrez, je le ferai... J'assurerai votre existence comme il vous plaira.

Mademoiselle Berlitz reste accablée, immobile. Après un silence, madame Leterrier entre.

SCÈNE IV

LES MÊMES, MADAME LETERRIER.

MADEMOISELLE BERLITZ.

Vous avez besoin de causer avec madame.

Elle sort.

SCÈNE V

MONSIEUR et MADAME LETERRIER.

MADAME LETERRIER.

Vos entretiens avec elle ne me plaisent pas du

tout... je vous connais... et si sa laideur n'était pas une garantie.

LETERRIER.

Flore, le soupçon serait ridicule... Du reste, le mariage de Germaine vous permettra de congédier cette personne.

MADAME LETERRIER.

A vous entendre, on dirait le mariage conclu... Vous ne semblez même pas préoccupé d'un moment redoutable et tout proche... Si après votre entretien, M. Brunel changeait de sentiment.

LETERRIER, avec humour.

Encore vos idées!

MADAME LETERRIER.

Depuis huit jours je ne dors plus, je ne vis plus en songeant que j'aurai à rougir devant ma fille, qu'il faudra lui avouer notre faute et lui dire que le nom de Leterrier n'est pas le sien.

LETERRIER.

Puisqu'elle prendra celui de son mari. Peu importe Leterrier ou Chalmin à madame Brunel.

MADAME LETERRIER.

J'ai supplié Dieu que le châtiment de l'adultère ne retombât pas sur l'enfant... M. le curé m'engage à la confiance dans la miséricorde divine. Mais vous restez impénitent.

LETERRIER.

J'ai fait ce que je dois. Dès le divorce, nous avons régularisé notre situation. Plus tard, après la mort de Chalmin, l'église à béni notre union. Je m'associe à vos œuvres et je m'inscris chaque année à la paroisse pour un chiffre respectable. Récemment, j'ai donné par vos mains une belle somme au curé... je ne puis pas que notre fille ne soit venue un peu trop tôt.

MADAME LETERRIER.

Enfant adultérine, l'horrible mot n'effraiera-t-il pas M. Brunel?

LETERRIER.

Un homme intelligent n'a plus de ces préjugés... Votre fille est charmante, parfaitement élevée, distinguée, adorable en tous points... Et puis huit cent mille francs de dot, l'espérance d'une fortune considérable, l'alliance avec la maison Leterrier, (l'une des têtes de l'industrie et du commerce français) ; celui que l'enfant choisit peut s'estimer heureux ! Supposes-tu que Brunel renonce à une demoiselle qu'il aime et à tous ces avantages pour ne pas entendre pendant une seconde à la mairie le nom de Chalmin? Sous un nom ou sous l'autre, c'est notre fille qu'il demande, c'est elle qu'il épouse !

MADAME LETERRIER.

Tu vas, tu vas, comme si c'était le plus simple du monde. Nous touchons à une minute terrible et tu n'es pas ému. Ni les explications ne t'embarrassent, ni l'aveu ne t'inquiète.

LETERRIER.

Sommes-nous les seuls exposés à ces ennuis. Autour de nous, dans nos relations, c'est-à-dire parmi des gens d'une haute honorabilité, je te citerais vingt cas pareils ou analogues... Sache-le bien, ma biche, il n'existe pas de famille où on ne trouve d'histoires à une ou deux générations. Naturellement, ça ne se crie pas sur les toits... Que diable,

5

pour avoir aimé, cédé à la nature, nous n'en sommes pas moins honnêtes gens.

MADAME LETERRIER.

Arsène, votre confiance me rend un peu de courage.

SCÈNE VI

Les Mêmes, GERMAINE.

GERMAINE.

Me voilà habillée.

LETERRIER.

Tu es belle, pareille en ta fraîcheur à la rose chantée par les poètes... Chère Germaine, mon bonheur, mon orgueil.

MADAME LETERRIER.

Notre unique souci est d'écarter de toi tout sujet de tristesse.

GERMAINE.

Grâce à vous, mes chers parents, je n'attends que de la joie.

LETERRIER.

Ainsi, tu es contente.

GERMAINE.

Oui, mon père.

LETERRIER.

La demande d'un galant homme, d'un homme supérieur nous satisfait. Jeunes, riches, considérés, vous aurez la meilleure part dans la vie.

MADAME LETERRIER.

Vous formerez un couple charmant... La certitude de la félicité me rend moins cruelle la séparation. Quoiqu'il advienne, n'est-ce pas, tu n'aimeras pas moins ta mère ?

GERMAINE.

Chère maman... (Elle prête l'oreille.) On a sonné... ce doit être M. Brunel.

LETERRIER.

Et je n'ai pas ma redingote... je ne puis recevoir la demande en veston... que j'aille mettre ma redingote... Venez Flore... M. Brunel prendra patience auprès de Germaine.

Monsieur et madame Leterrier sortent.

SCÈNE VII

GERMAINE, BRUNEL.

Brunel entre introduit par un domestique et baise respectueusement la main de Germaine.

GERMAINE.

Monsieur, je vais avertir mon père ; il vous attend.

BRUNEL.

Mademoiselle, auparavant, permettez que je parle à cœur ouvert. Votre beauté, votre grâce m'ont charmé à première vue ; mais c'est dans mes visites depuis un an que se sont achevés mes sentiments de sympathie pour votre personne, d'estime pour votre raison charmante, et votre esprit attentif. Ne vous offensez pas de mon langage.

GERMAINE.

J'en suis contente.

BRUNEL.

Merci ! la joie et la fierté que me donne ce mot m'encourageront auprès de M. Leterrier. Je viens le prier de consentir à mon plus cher projet.

GERMAINE.

Mon père a su vous apprécier...

BRUNEL.

S'il m'accueille favorablement, que ne lui devrais-je pas ? L'union de deux intelligences, de deux volontés...

GERMAINE.

De deux cœurs...

BRUNEL.

Et de deux cœurs, naturellement ; n'est-ce pas la plus belle page du livre de la vie. Les convenances de famille, l'harmonie des sentiments et des idées concourront à notre mariage. Vous trouverez un mari sérieux et dévoué ; j'aurai une épouse remplie d'agrément et de raison.

GERMAINE.

Oh ! pas si raisonnable qu'il semble... voici mon père.

SCÈNE VIII

LES MÊMES, LETERRIER.

Leterrier en redingote serre longuement la main à Brunel.

LETERRIER.

Excusez, mon cher ami, ce petit retard.

BRUNEL.

Il m'a permis de causer avec mademoiselle Germaine.

LETERRIER.

Cette enfant tiendra compagnie à sa mère.

GERMAINE.

Au revoir, monsieur.

BRUNEL, lui baisant la main.

A tout de suite.

Germaine sort.

SCÈNE IX

LETERRIER, BRUNEL.

BRUNEL.

Monsieur, vous n'ignorez pas le motif de ma visite... Il est facile de voir les sentiments que m'inspire mademoiselle Germaine... J'irai donc droit au but ; ma situation, mon caractère, mes idées vous sont connus ; je connais les vôtres. Entrer dans votre famille serait un grand bonheur pour moi... Monsieur Leterrier, j'ai l'honneur de vous demander la main de mademoiselle votre fille.

LETERRIER.

L'estime où madame et moi tenons le mérite, l'intelligence et l'esprit de conduite dicte notre réponse : ce sera sans nul doute celle de ma fille.

BRUNEL.

Mademoiselle Germaine a bien voulu m'approuver.

LETERRIER.

Alors entre deux hommes comme nous, les phrases sont superflues. (Il l'embrasse.) Mon gendre, je vous donne l'accolade.

BRUNEL.

A défaut de proches parents, je suis obligé de parler de moi.

LETERRIER.

Mon cher Maurice, on n'ignore pas vos études et vos travaux... Elève de l'école polytechnique...

BRUNEL.

Sorti neuvième, ingénieur des ponts et chaussées à 24 ans, décoré à trente, j'obtiendrai une direction avant 40 ans. J'ai cent quatre-vingt mille francs de fortune placés en rente française et en actions de chemin de fer.

LETERRIER.

Nous donnons à Germaine huit cent mille francs de dot... huit cent mille francs, moitié argent liquide, moitié placé dans ma maison et rapportant au moins du sept et demi, c'est-à-dire trente mille francs.

BRUNEL.

Nos notaires règleront ces apports.

LETERRIER.

Après nous, Germaine hérite de toute notre fortune, de seize cent mille francs et de la maison qui en vaut autant pour le moins. (S'attendrissant.) Cet héritage-là ne se fera pas longtemps attendre. Madame et moi sommes très fatigués... Ma pauvre Flore!... L'anévrisme brisera son cœur à la moindre émotion ; et le diabète mine ma vieille carcasse. Enfin, nous aurons la consolation en partant de laisser à nos enfants une belle preuve de travail.

BRUNEL.

Votre aspect et celui de madame Leterrier démentent ces appréhensions. Nous vous conserverons pour vos petits enfants.

LETERRIER.

Dieu vous entende!... Reste à fixer la date du mariage... A propos, pour éviter toute surprise, je vous avertis d'une petite... anomalie dans l'état civil.

BRUNEL, étonné.

De mademoiselle Germaine?

LETERRIER.

De notre fille... C'est un peu délicat à dire... enfin, à quelqu'un de la famille, à l'homme d'honneur, au fiancé... Maurice, nous avons eu l'enfant avant notre mariage.

BRUNEL, après une hésitation.

Ce qui se passa pendant le veuvage de madame...

LETERRIER.

Flore Chalmin.

BRUNEL.

De madame Chalmin ne regarde personne. En l'épousant, vous avez légitimé mademoiselle Leterrier.

LETERRIER.

Hélas, non !

BRUNEL, vivement.

Comment, Germaine ne serait pas votre fille ?

LETERRIER.

Elle est ma fille... permettez-moi d'achever... mais née avant le divorce de sa mère, le premier mari vivant, son nom légal était celui de Chalmin ; je n'ai pu lui donner le mien.

BRUNEL.

Mais élever mademoiselle Chalmin sous le nom de Leterrier, c'était marquer l'irrégularité de son origine.

LETERRIER.

Pendant deux ans, autant que possible, nous cachâmes sa naissance dans la crainte d'un procès scandaleux. Depuis, je n'eus pas le courage de laisser appeler ma fille d'un autre nom que du mien.

BRUNEL.

Vous compromettiez son avenir, vous-même prépariez les plus fâcheuses divulgations. Sous le nom de son père légal, nul ne pourrait plus aujourd'hui contester sa légitimité ; sous le vôtre, tout le monde apprendra les conditions de sa naissance par les publications de mariage. Cela est déplorable pour mademoiselle Germaine, pour vous, et pour celui qui l'épousera.

LETERRIER.

Chacun rend hommage à notre honorabilité. Votre haute position est la preuve d'un mérite rare; la maison Leterrier tient l'un des premiers rangs dans la fabrication et le commerce français; ma situation est inattaquable. Notre alliance ne prête à aucune critique.

BRUNEL.

Des inconnus peuvent ne pas considérer l'opinion et se passer d'elle; personne ne prend garde à eux. Mais, le haut commerce a les yeux sur vous et ma position me crée des devoirs, des obligations publiques.

LETERRIER.

C'est ma fille que vous avez recherchée, c'est ma fille que vous épouserez; peu importe son nom légal puisqu'elle prend le vôtre. Tout s'achève irréprochablement.

BRUNEL.

Je ne saurais partager votre avis... Il est regrettable que vous ne m'ayez pas prévenu tout d'abord de ces particularités.

LETERRIER.

Mon cher ami, — intelligent et distingué comme vous l'êtes, une raison de ce genre ne changerait pas vos sentiments.

BRUNEL.

Je ne puis engager ma vie dans un mariage qui prête à interprétation... Ma fortune est modeste, celle de mademoiselle Germaine, considérable.

LETERRIER.

Mon ami, sachez vous élever au-dessus des préjugés du monde et des fictions légales.

BRUNEL.

Ces préjugés, ces fictions sont les conditions de la société régulière ; nous profitons de ses avantages, nous devons en observer la morale, en remplir tous les devoirs... je vous l'ai entendu dire cent fois.

LETERRIER.

Ainsi le fait des parents retombe sur une enfant innocente... Vous ne trouverez pas dans votre cœur assez d'élan pour passer sur un préjugé comme font des milliers d'êtres.

BRUNEL.

Par coup de tête, par accès de passion, ils se jettent hors du droit chemin et tôt ou tard ils regrettent leur égarement.

LETERRIER.

Vous n'aimez pas Germaine.

BRUNEL.

Je suis sensible à ses charmantes qualités... Mon plus grand bonheur eût été l'union que je rêvais... Je n'y renonce pas sans peine.

LETERRIER.

Vous ne l'aimez pas, vous dis-je, vous n'avez considéré que votre intérêt.

BRUNEL.

Monsieur, je me retire.

LETERRIER.

Maurice, vous pardonnerez à un père affolé par la pensée de l'affliction de son enfant... Ecoutez-moi : Peut-être l'état civil de Germaine inspire-t-il des doutes sur la transmission de ma fortune... Eh bien ! je doublerai la dot ; je mettrai quinze cent mille francs, un million et demi, j'inscrirai au contrat une donation après moi de tous mes biens...

BRUNEL.

Vous vous méprenez sur mon caractère, monsieur; la fortune de mademoiselle Germaine est le motif principal de mes scrupules. Permettez que nous cessions une conversation pénible et que je vous quitte.

Il s'incline, Leterrier le reconduit et revient en scène.

LETERRIER, *seul.*

Le bourgeois, le cafard! (*Il s'assied accablé.*) Que vais-je leur dire, mon Dieu!

Il met la tête entre ses mains.

SCÈNE X

LETERRIER, MADAME LETERRIER, GERMAINE.

GERMAINE, *entrant joyeusement avec sa mère.*

Papa! c'est arrangé?... Vous ne répondez pas?

LETERRIER.

Mon enfant chérie... ma pauvre femme...

Madame Leterrier éclate en sanglots.

GERMAINE.

Maman, tu pleures... qu'arrive-t-il?... Répondez... votre silence nous fait tant de mal.

LETERRIER.

Nous croyions M. Brunel intelligent et d'esprit élevé. C'est un calculateur incapable de céder à un mouvement généreux. Il ne t'aimait pas.

GERMAINE.

Engagée à ce point avec votre consentement, vous ne m'avez pas sacrifié à une raison d'intérêt.

LETERRIER.

J'ai doublé ta dot ; j'ai offert une donation de toute notre fortune.

GERMAINE.

Alors, c'est lui qui a rompu... pourquoi ?

LETERRIER.

Plus tard, ma chérie, plus tard tu sauras.

GERMAINE.

Je ne puis attendre... Comprenez donc mon angoisse... Voici une demi-heure, la démarche de M. Brunel vous comblait de joie, on ne tarissait pas sur ses mérites ; il se déclarait et j'étais autorisée à l'encourager. Vous lui parlez et, venu pour demander ma main, il la refuse. Un honnête homme qui me recherchait ne veut plus de moi, nous inflige la plus cruelle humiliation. Et quand je demande la cause d'un tel changement, vous évitez de répondre. Que me cache-t-on ? Quel motif éloigne M. Brunel ? Je n'aurai plus une minute de repos avant de le savoir.

LETERRIER.

Germaine, vois la douleur de ta mère ! tu ne doutes pas de notre affection... nous devons ménager ta sensibilité.

GERMAINE.

Vous redoublez mon angoisse... Tout est préférable à l'incertitude, aux doutes qui m'assaillent et me tourmenteront sans relâche. Parlez, je vous en prie.

LETERRIER.

Oui ! la vérité vaut mieux que les cachotteries. Mes torts, si j'en eus, furent dans mon amour pour ta mère, ma profonde tendresse pour toi, tu ne me les reprocheras pas, mon enfant. Flore, c'est toi qui lui diras... une mère seule peut parler de certains sujets à sa fille. Du courage, Germaine.

Il l'embrasse et sort.

SCÈNE XI

GERMAINE, MADAME LETERRIER.

GERMAINE.

Mère, ne pleurez plus, essuyez vos yeux... grâce à Dieu, je ne suis pas une jeune fille futile et sans raison ; j'ai droit de savoir pourquoi un honnête homme ne me juge plus digne de lui... Je puis entendre tout ce que ma mère doit me dire.

MADAME LETERRIER, la voix sanglotante.

Ma Germaine adorée, tu ne cesseras pas de m'aimer, tu ne douteras pas de ma tendresse ?

GERMAINE.

Je n'aurai pas à douter de vous... parlez...

MADAME LETERRIER.

Tu ne connais pas toutes les circonstances de mon mariage avec monsieur Leterrier.

GERMAINE.

Vous avez épousé mon père après la mort de M. Chalmin.

MADAME LETERRIER.

Ce fut avant sa mort... mal mariée, négligée par un homme indifférent et dur, je vis ton père et je l'aimai : J'ai tout quitté pour le suivre.

GERMAINE.

Ah !... vous avez divorcé?

MADAME LETERRIER.

Hélas, par tendresse aveugle, par respect humain, nous t'avons fait prendre le nom de Leterrier : ton nom légal, sous lequel tu fus inscrite : c'est Chalmin.

GERMAINE.

Moi ! la fille de votre premier mari.

MADAME LETERRIER.

Tu es bien l'enfant d'Arsène, l'enfant de notre amour.

GERMAINE.

Je ne comprends pas.

MADAME LETERRIER.

Oserais-je tout dire ? (La tête courbée, à voix basse.) Tu naquis avant mon divorce. (Enlaçant Germaine et la tête cachée sur la poitrine de la jeune fille.) Pardonne, pardonne si je ne fus pas épouse irréprochable ; je cédai à l'égarement de l'amour, j'ai caché ma faute sous le mensonge ; elle reparaît aujourd'hui pour frapper mon enfant bien-aimée et je suis obligée de la confesser devant elle.

GERMAINE.

Ah ! mère, que vous me faites de la peine !

MADAME LETERRIER.

Germaine, ma Germaine.

GERMAINE, se dégageant.

Pourquoi m'avoir mise au monde si ma naissance est inavouable ?

MADAME LETERRIER.

Ne me condamne pas ! Si grande que fut ma faute, je l'expie par la souffrance de cette minute.

GERMAINE.

Mieux eut valu pour moi mourir hier.

MADAME LETERRIER.

Mourir, toi, l'innocence, la pureté... Tu parles de mourir à cause de moi... C'est trop d'affliction... Ah ! Arsène, viens consoler notre fille et la sauver du désespoir...

SCÈNE XII

LES MÊMES, LETERRIER.

LETERRIER.

Elle sait ?

MADAME LETERRIER.

Regarde-là !

LETERRIER.

Mon enfant ! (Il s'approche de Germaine qui l'écarte.) Tu me repousses !

GERMAINE,

Tout à l'heure, j'étais heureuse, enviée parmi toutes les jeunes filles, je vénérais mes parents, j'avais foi en eux... quelques mots ont suffi pour me courber sous l'humiliation et l'indignité.

LETERRIER.

Ne t'exaspère pas : réfléchis!... tu concevras les fatalités de l'existence.

GERMAINE.

Et l'honnête homme que j'accueillis peut me supposer associée à la tromperie... Une fille sans nom n'ayant pas le droit de porter le nom de son vrai père et ne voulant pas de celui de l'autre. Il me semblera lire mon histoire dans tous les yeux; je n'oserai plus regarder personne : je n'ai jamais fait de mal et me voilà méprisée, isolée

LETERRIER.

De ta souffrance, nous souffrons plus que toi. Mais courage! je me charge de tout arranger ; aie confiance dans notre tendresse.

GERMAINE, amèrement.

Confiance!... Créée dans le mensonge, élevée dans l'équivoque, mon existence est perdue... Pourquoi avez-vous fait cela? Il fallait accepter la responsabilité de vos actes et ne pas les cacher derrière mon nom d'emprunt.

MADAME LETERRIER.

Germaine, épargne ton père.

GERMAINE.

Est-ce que je sais seulement qui est mon père? Puis-je croire en vous, Monsieur, qui parliez sans cesse de famille, de morale, de grands sentiments respectables jusqu'à l'heure, où, le passé découvert, vous avez forcé ma mère de rougir devant moi.

LETERRIER.

Mais impitoyable enfant, c'est l'amour qui m'a...

GERMAINE.

Vous ne m'avez appris que le devoir... Notre fortune, notre situation privilégiée, nos avantages sociaux, je les attribuais à la supériorité morale, aux qualités de tenue, d'ordre et de respect familiaux, aux vertus bourgeoises opposées à la démoralisation des gens du peuple. Fier et sûr de votre impeccabilité, vous m'enseigniez à ne pas excuser une faiblesse ; votre morale n'eût pas pardonné un malheur pareil au nôtre... Quand je songe à vos sévérités pour ma tante qui s'était mariée selon son cœur, quand je me rappelle comment il y a un an, vous chassiez Georges à cause de ses opinions trop libres, et mon pauvre oncle Henri, j'ai peur de ne plus vous aimer.

MADAME LETERRIER.

Tu n'aimes plus ta mère.

GERMAINE, se jetant dans ses bras

Maman! Maman!

MADAME LETERRIER.

Et lui ?

GERMAINE.

Père!... je me remettrai et je retrouverai l'apaisement... Laissez-moi seule, je vous en supplie.

LETERRIER.

Quelle journée.

Monsieur et madame Leterrier sortent.

SCÈNE XIII

GERMAINE, seule,
puis MADEMOISELLE BERLITZ, après un moment.

MADEMOISELLE BERLITZ.

Eh bien! le mariage?

GERMAINE, avec un geste.

N'en parlez plus jamais.

MADEMOISELLE BERLITZ.

Vous êtes pâle et frémissante.

GERMAINE.

Tantôt, vous accusiez le sort. Consolez-vous en regardant une jeune fille, la plus triste et la plus malheureuse de toutes.

Rideau.

ACTE QUATRIÈME

Une pièce meublée de façon disparate avec des restes de mobilier, portes à droite et à gauche, au fond cheminée surmontée d'une glace; le tout d'aspect médiocre.

SCÈNE PREMIÈRE

HENRI, puis GEORGES.

Au lever du rideau, il est six heures ; la nuit tombe ; Henri assis devant une petite table, copie des rôles.

HENRI, se frottant les yeux.

Je n'y vois goutte, mes yeux n'en peuvent plus. (Il se lève, va au fond allumer une lampe qui est sur la cheminée, l'apporte sur la table et recommence à écrire. Georges entre.) C'est toi fiston !

GEORGES.

Temps de chien! Je suis crotté comme un barbet.

HENRI.

Eh bien ?

GEORGES.

Rien!... rien que des vagues réponses ou des refus.

HENRI.

Moi, j'écris depuis ce matin ; j'ai gagné vingt sous... j'arriverai à trente quand ma vieille main aura rattrapé un peu de souplesse et que je tiendrai dans les doigts mon métier de copiste... Tu as vu Verrier ?

GEORGES.

Il ne m'a pas reçu et m'a fait dire de revenir dans quinze jours... C'est déjà ma troisième visite. Les Ledru n'ont besoin de personne. Toute l'après-midi j'ai battu le Sentier sans résultat... Demain je m'adresserai à une agence.

HENRI.

Si tu veux être berné, envoyé aux quatre coins de Paris, à des boîtes où l'on te demandera tes certificats, ta biographie.

GEORGES.

Ça vaut encore mieux que le mauvais vouloir et l'indiscrétion des autres qui feignent de ne plus me reconnaitre et se ravisent soudain : « Ah ! c'est vous, le jeune Payel de la maison Leterrier qui avez eu ce procès avec votre oncle... « Contez-moi donc ça ». Ailleurs, le père Ledru me reçoit familièrement : « Bonjour mon ami ! On mange de la vache enragée à ce que je vois » et, me pinçant l'oreille : « une tête chaude, une forte tête, un révolutionnaire... Enfin, chacun son opinion... Je laisse la liberté de pensée à tous mes employés... Pour le moment, je n'ai besoin de personne ; mais je ne vous oublierai pas ».

HENRI.

Compte là dessus.

GEORGES.

Je fais depuis un an l'apprentissage de la méchanceté et de la bêtise des hommes.

HENRI.

Tu espérais trop d'eux, mon pauvre Georges. Un petit peu d'indulgence, de pitié, voilà ce qu'on peut attendre des meilleurs quand l'intérêt, l'appât du lucre, la concurrence, l'âpreté de la lutte, la fréquence des revers ne les a pas changés en loups.

GEORGES.

Pourtant je ne sollicite pas de service, je demande du travail. Nos ressources sont à bout, il me faut un emploi. A vingt-huit ans, avec mes connaissances pratiques, si l'on ne m'emploie pas c'est un parti pris.

HENRI.

Un pacte de famine!... je t'avais averti... Tu as voulu rompre en visière avec ceux de notre classe ; ils nous affament. Riche, associé d'une maison importante, on souffrait tes airs de révolte comme dilettantisme. Maintenant on ne prend plus la peine de dissimuler sous des sourires l'aversion de tes idées. Les bourgeois refusent les munitions au révolutionnaire, à l'orateur qui faillit aller en prison, à l'ennemi déclaré de leur société.

GEORGES.

Les juges avaient commencé.

HENRI.

Leur vieil esprit te prédestinait à perdre ton procès. Un neveu plaider contre son oncle, un blanc-bec se révolter contre une tête blanche, contre un notable commerçant : les magistrats n'aiment pas ça... Ce que nous fûmes tous imprévoyants : ni ta mère, ni moi ne nous sommes précautionnés contre un excellent frère. Ainsi, Arsène a pu longuement mûrir sa fourberie et embrouiller l'affaire... Tu vois : le jugement était écrit.

GEORGES.

Et l'opinion place l'homme qui juge au-dessus des autres ; et lui-même s'estime supérieur au reste de l'humanité. En réalité, nous voyons la justice animée des passions les moins nobles, détournée de l'équité naturelle par les préventions et la tradition... Ah ! cette justice ! gratuite pour asséner les corrections, la prison, les peines ; justice de luxe refusée aux pauvres dans les causes civiles. Papier timbré, enregistrement, le butin de l'État ; honoraires, procédure, actes et exploits, la part des corbeaux... J'en sus le chiffre quand pour les frais du procès, notre avoué me retint la moitié de ce que Leterrier n'avait pu me voler.

HENRI.

Ménage l'avoué, il me donne des rôles à copier. C'est un bon. Tous ses collègues le détestent.

GEORGES.

Et Leterrier triomphe qui nous a dupés, ruinés. Sa figure d'honnête homme s'attriste en parlant de nous et chacun le plaint d'un frère comme toi, d'un neveu comme moi.

HENRI.

La logique des choses l'atteindra quelque jour. Par sa naissance, Germaine est difficile à marier. Arsène aime profondément sa fille : il souffrira.

GEORGES.

Pauvre chère Germaine ! Elle ne mérite pas de souffrir.

HENRI.

Et dire que vous auriez pu être si heureux ensemble et que tu as perdu comme à plaisir, la sécurité et le bonheur. Pour quels rêves d'illuminé !

GEORGES.

Mon oncle, je vous gronderai...

HENRI.

Dans cette société, marché d'esclaves, où les plus audacieux et les plus habiles marchands maquignonnent à leur profit, ton intelligence et ton courage t'auraient mené à l'une des premières places, au rang des maîtres ; et te voici roulé parmi les serfs que tu n'affranchiras pas.

Georges secoue la tête et prend un livre ; Henri se remet à écrire.

SCÈNE II

LES MÊMES, MADAME MASSOUDIER.

MADAME MASSOUDIER.

Ces messieurs m'excuseront de les déranger ; j'ai une commission à leur faire.

HENRI.

Faites, madame Massoudier... Il s'agit sans doute du terme en retard ?

MADAME MASSOUDIER.

Oui, monsieur... Le gérant est venu tout exprès tantôt pour que je représente la quittance à ces messieurs.

GEORGES.

Je l'avais prié d'attendre encore une quinzaine.

MADAME MASSOUDIER.

Il dit que dans quinze jours, ce sera le moment de l'autre terme et que monsieur, déjà gêné pour un, n'en pourrait payer deux.

HENRI.

C'est un logicien de premier ordre.

GEORGES.

Nous n'avons pas d'argent pour le moment.

MADAME MASSOUDIER.

Sûrement qu'on ne peut peigner un diable qui n'a pas de cheveux... Mais je ne suis que la concierge... Je dois encore dire...

HENRI.

Un deuxième proverbe.

MADAME MASSOUDIER.

Un autre ennui.

HENRI.

Les bonnes nouvelles n'arrivent jamais seules.

MADAME MASSOUDIER.

Ce matin, le boucher m'a refusé les côtelettes pour ces messieurs.

GEORGES.

Nous lui devons ?

MADAME MASSOUDIER.

Vingt-huit francs.

HENRI.

Une somme !

MADAME MASSOUDIER.

J'ai été très vexée qu'il m'envoie ça devant tout le monde, surtout devant Renée, la cuisinière de la cocotte d'en face à qui il fait des trois cents francs de crédit.

HENRI.

La confiance ne se commande pas.

MADAME MASSOUDIER.

Moi, j'ai confiance... Je sais que ces messieurs paieront ; je les servirai tant qu'ils voudront. Depuis huit jours, j'avance chez le boulanger et l'épicier qui ont coupé le crédit. Je n'en parlais pas, de peur d'ennuyer monsieur qui est si rigolo.

HENRI.

Merci de votre obligeance, madame Massoudier. On vous remboursera bientôt, soyez en sûre.

Madame Massoudier sort.

SCÈNE III

HENRI, GEORGES.

HENRI.

La portière me trouve rigolo... C'est une res-

source que je me découvre sur le tard. Grâce à cela, nous n'avons pas manqué de repas cette semaine... Mais ma veine comique se tarira.

GEORGES.

En sommes-nous là?

HENRI.

Nous en sommes à rien du tout... les cinq ou six billets de mille sauvés du procès ont vite filé. Depuis six mois, nos bijoux furent le viatique... Combien te reste-t-il de monnaie ?

GEORGES, *après un silence.*

Dix-huit sous.

HENRI, *fouillant dans une vieille bourse.*

Mon capital s'élève à un franc cinquante plus vingt sous de copie. Nous avons cessé de fumer ; tu cours les rues à pied sous la pluie. Il ne nous reste plus d'objet de valeur ; nous devons un terme et l'autre approche ; toutes les boutiques d'alentour nous sont fermées et si notre marmite tient encore, — pour combien de temps ? — C'est grâce à la concierge... Enfin, ta fillette va nous être rendue par la nourrice qui réclame trois mois arriérés ; j'ai vu la lettre, voilà le bilan.

GEORGES.

Que seulement je trouve un emploi !...

HENRI.

En attendant, le mobilier sera saisi, vendu, et nous irons à l'hôtel meublé ! Je ne me sens pas la force d'aller jusque-là... Ce dénuement m'effraye : je n'ai plus l'âge où l'on supporte la misère.

GEORGES.

Vous êtes plein d'entrain, de courage.

HENRI.

Tu te trompes : je n'ai fait que te suivre... je n'en puis plus... demain, j'écrirai à Arsène.

GEORGES.

Oh ! pas cela ! mon cher tuteur; un peu de patience.

HENRI.

Je n'en ai plus ! A soixante ans, sans idéal, sans foi, sans ambition qui soutiennent, on ne recommence pas le combat de la vie : je suis un vaincu, j'avoue ma défaite, je capitule.

GEORGES.

S'humilier devant ce fripon, lui demander aide et secours !

HENRI.

Vanité ou sentiment meilleur, mon frére ne refusera pas de m'écouter.

GEORGES.

Je vous en supplie, attendez une semaine encore.

HENRI.

Dans huit jours, expulsés d'ici, sans meubles, nous gîterons à l'hôtel avec ta fillette renvoyée par sa nourrice. Si l'enfant demande à goûter, que lui donneras-tu ? des billevesées.

GEORGES, amèrement.

Ne vous occupez ni d'elle, ni de moi, parlez pour vous.

HENRI.

Tu ne comprends pas que j'aie peur de l'hôtel garni, de la misère, et qu'au terme où j'en suis, si près du dénouement, je ne veuille pas finir sur un matelas de louage... Tu partis pour les aventures, un soleil dans la tête, l'espérance au cœur, avec l'enthousiasme de ta jeunesse... l'affection seule m'entraîna à ta suite... Vois les effets de la misère... Déjà nous nous disputons et tu me dis des mots amers pour la première fois.

GEORGES.

Pardonnez-moi... l'épreuve est si pénible! Non, mon cher oncle, je n'ai pas le droit de vous infliger les hasards et les difficultés de la lutte... Retournez à la paix, à l'abri... Je pleure d'être séparé de vous : mais nul travail ne me rebutera ; je serai, s'il le faut, manœuvre, terrassier... Jamais, quoiqu'il m'advienne, je n'accepterai rien de Leterrier. (Coup de sonnette.) On sonne.

HENRI.

Laisse! tu renverserais la lampe... je vais ouvrir.

Il prend la lampe et sort, la scène reste dans la pénombre, éclairée seulement par le fond.

SCÈNE IV

Les Mêmes, MADEMOISELLE BERLITZ.

HENRI, dans l'antichambre.

Vous, mademoiselle, vous!

MADEMOISELLE BERLITZ, de même.

Bonsoir, monsieur Leterrier.

HENRI, de même.

Je passe devant pour vous éclairer. (Il rentre.)

Georges... mademoiselle Berlitz. (Il dépose la lampe, mademoiselle Berlitz entre, regarde autour d'elle, Georges salue assez froidement.) Vous êtes essoufflée, asseyez-vous.

MADEMOISELLE BERLITZ.

J'ai monté vite les cinq étages.

HENRI.

Germaine se porte bien ?

MADEMOISELLE BERLITZ.

Sa santé est excellente.

HENRI.

Elle est contente ?

MADEMOISELLE BERLITZ.

Oui... à peu près.

HENRI.

Et ma belle-sœur ?

MADEMOISELLE BERLITZ.

Depuis trois mois, madame Leterrier est souvent malade.

HENRI.

Tant pis.

GEORGES.

On m'a dit que Germaine était fiancée à M. Brunel et l'épouserait prochainement.

MADEMOISELLE BERLITZ.

Monsieur Brunel n'est pas venu à la maison depuis plusieurs mois.

HENRI.

Et vous, mademoiselle ?

MADEMOISELLE BERLITZ.

Je vis et tâche de passer inaperçue. Ne parlons pas de moi... C'est de vous, messieurs, dont on se préoccupe, c'est de votre sort qu'on prend souci. Sans cesse, Germaine parle de son oncle, de son cousin et ne saurait être heureuse en songeant à leurs difficultés.

GEORGES.

Mais non !

MADEMOISELLE BERLITZ.

Oh ! ne vous en défendez pas, Monsieur Georges... Je sais combien il est pénible et difficile de gagner son pain... Germaine connaît votre situation... C'est pourquoi je suis ici.

HENRI.

La bonne et charmante enfant.

MADEMOISELLE BERLITZ.

Elle n'aurait osé venir seule; je l'ai accompagnée... Elle est en bas, attendant si vous voulez la recevoir.

HENRI.

Si je veux la recevoir... Allez vite la chercher... Berlitz !

MADEMOISELLE BERLITZ.

Elle sera contente !

Elle sort.

SCÈNE V

HENRI, GEORGES.

GEORGES.

Ce qui s'est passé, mes torts envers elle m'interdisent de la voir en ce moment. Sitôt Germaine ici, je sortirai.

Georges se dirige vers la porte de sa chambre.

HENRI.

Tu ne bougeras pas de ta chambre ; je te supplie de m'obéir en considération de ce que j'ai fait pour toi ; sacrifie un peu de ton orgueil. Si tu ne me concèdes pas ça, si par ton départ, tu offenses l'adorable jeune fille venue au moins autant pour toi que pour moi, je ne te reverrai de ma vie.

GEORGES.

Mon oncle, si vous y tenez tant, je resterai.

Il rentre dans sa chambre à droite, Henri prend la lampe et se dirige vers la porte de gauche ; Germaine paraît sur le seuil ; Henri dépose la lampe, court à elle et la prend dans ses bras.

SCÈNE VI

HENRI, GERMAINE.

HENRI.

Chère Germaine ! Quelle joie.

GERMAINE, très émue pendant toute la première partie de cette scène, jette des regards autour de soi.

Mademoiselle m'attend en bas dans la voiture... j'ai monté en courant tant il me tardait d'être avec vous. (Elle regarde autour d'elle.) La nourrice de la petite Marie m'a dit vos ennuis... je suis allée souvent porter des bonbons à la fillette de Georges... Les querelles entre parents ne doivent pas durer... Votre épreuve se termine puisque me voilà... J'ai fait comprendre à mon père qu'il ne pouvait, sans cruauté, ruiner son neveu et son frère... j'ai parlé fermement : on m'a écoutée. Vous semblez surpris... Au lieu de la petite fille moutonnière, mon oncle, c'est un être nouveau qui vous parle.

HENRI.

Qu'est-ce qui t'a changée, chère petite ?

GERMAINE.

J'ai souffert... Mes parents furent obligés de me dire les circonstances de ma naissance ; j'éprouvai au premier moment un grand chagrin... j'étais abattue, navrée. Puis la réflexion m'a donné la vraie vue des choses et je ne regrette plus l'événement qui m'ouvrit les yeux... Où est Georges ? Ne le verrai-je pas ?

HENRI.

Un peu humilié ; tu comprends ; ignorant tes sentiments, il est dans sa chambre.

GERMAINE.

C'est là ?... Je puis frapper ? (Henri fait oui de la tête, Germaine va à la porte et cogne légèrement.) Georges, c'est moi, Germaine. (La porte s'ouvre à moitié ; Germaine saisit Georges par le bras et le ramenant sur le devant de la scène.) Méchant garçon, viens donc ! C'est encore moi qui ramène le sauvage caché dans son coin comme il y a quinze ans... Comme tout à l'heure, pour trouver la hardiesse de venir ici, j'approchais de moi une autre sauvage apprivoisée, la petite Marie qui me rendait mes baisers.

GEORGES.

Germaine !

GERMAINE.

Comment n'aimerais-je pas ta fille, moi sa grande sœur aînée, qui suis...

GEORGES.

La fée de grâce et de bonté.

GERMAINE.

Une enfant naturelle comme elle. D'abord l'aveu me révolta contre mes parents, me jeta dans un désespoir à mourir. Mais humiliée, abaissée par la naissance, je sentis que tout n'est pas pour le mieux dans une société où une jeune fille porte la peine de son origine. Cette souffrance me fit connaître les injustices héréditaires et j'appris à compatir au sort de milliers de gens prédestinés à une vie misérable... Ainsi je me rapprochais de toi par l'intelligence et la pitié... Soudain le voile de mensonges et de préjugés disparut ; je compris... malgré les jeux de la naissance, le hasard des situations, malgré les classes, les fortunes, les inégalités organisées comme pour séparer les êtres, une force irrésistible les réunit, c'est l'amour. Mes parents, pendant vingt ans tachèrent de me modeler selon l'idéal bourgeois, mais d'avance la volonté d'amour avait déjoué leur projet... Maintenant je les aime mieux pour avoir aimé... Sans cela, j'eusse été une jeune bourgeoise artificielle, vaine, égoïste et j'aurais certainement épousé quelque éminent imbécile... Mon origine m'a fait voir clair dans mon cœur et me ramène vers vous, vers la petite fille privée de maman... Georges, cher compagnon, as-tu encore l'edelweiss; rends-la-moi : ce sera, si tu veux, mon bouquet de fiançailles.

GEORGES.

Est-ce possible?... Tes parents.

GERMAINE.

A vingt et un ans, j'entends disposer de ma vie... je l'ai dit à mon père qui ne peut plus s'y opposer.

HENRI.

Arsène n'est pas méchant et s'il consentait à rabattre un peu de sa superbe.

GERMAINE.

C'est fait... l'événement l'a tourné à l'indulgence. Quant à ma mère, nous la trouverons maintenant docile à mon désir.

GEORGES.

Dois-je accepter ta fortune, tout cet argent ?

GERMAINE.

Mais c'est le tien, celui de ta mère qui a fructifié ; je te restitue l'instrument d'indépendance, l'argent pour lutter contre la domination du tyran argent, pour aider les déshérités... Nos pensées sont unies : ton cœur me resterait-il hostile ?

HENRI.

Bêta ! embrasse-la donc ; cesse de bouder contre toi-même. (Il pousse Georges vers Germaine.) Mes enfants, le bonheur des êtres qui me sont le plus cher rayonnera sur le reste de mes jours... Vous avez un peu souffert; c'est apprendre à vivre... Vos mains se joignent pour être utiles aux autres... Vous vous aimerez de plus en plus dans le bien que vous ferez, dans la haine de l'injustice, dans l'amour de l'humanité.

GERMAINE.

La fortune des Leterrier, nous ne la considérons que comme un dépôt.

HENRI.

Et toi, fiston, tu auras eu beau faire pour n'être heureux ni tranquille : bon gré, mal gré, grâce à cet ange, te voilà le meilleur des bourgeois.

GERMAINE.

Allons tout de suite chercher la petite.

Rideau.

Imprimerie Générale de Châtillon-sur-Seine. — A. PICHAT.

EN VENTE CHEZ LE MÊME ÉDITEUR

(Format grand in-18 jésus)

COMÉDIES ET COMÉDIES-VAUDEVILLES NOUVELLES

fr. c.

Georges ANCEY

L'Avenir, 3 actes . . . 2 »
La Dupe, 5 actes . . . 2 »
Grand'Mère, 3 actes. . 2 »
Les Inséparables, 3 ac. 2 »
Monsieur Lamblin, 1 a. 1 50

H. BAUËR

Sa Maîtresse, 4 actes . 2 »

Paul BILHAUD et Maurice HENNEQUIN

Les Dragées d'Hercule, 3 actes. . . . . . . 2 »
La Famille Boléro. 3 a. 2 »
Le Gant, 1 acte 1 50
Heureuse! 3 actes. . . 2 »
M'amour, 3 actes . . . 2 »
Nelly Rozier, 3 actes . 2 »
Le Paradis, 3 actes . . 2 »

M. BONIFACE

Clarisse Arbois. 3 actes. 3 50
La Crise, 3 actes. . . . 2 »
Les Petites Marques, 2 actes . . . . 2 »
La Tante Léontine, 3 a. 2 »

BRIEUX

L'Armature, 5 actes. . 3 50
Les Avariés, 3 actes. . 3 50
Le Berceau, 3 actes . . 2 »
Les Bienfaiteurs, 4 act. 2 »
Blanchette, 3 actes. . . 2 »
La Couvée, 3 actes. . . 2 »
La Déserteuse, 4 actes. 3 50
L'Ecole des Belles-Mères, 1 acte 1 50
L'Engrenage, 3 actes . 2 »
L'Evasion, 3 actes. . . 2 »
Les Hannetons, 3 act . 2 »
Maternité, 3 actes . . . 3 50
Ménages d'Artistes, 3 a. 2 »
La Petite Amie, 4 act. 2 »
Résultat des Courses, 5 actes. . . . . . . 2 »
Les Remplaçantes, 3 a. 2 »
La Robe Rouge, 3 a. 2 »
La Rose bleue, 1 acte. 1 50
Les Trois Filles de M. Dupont, 4 actes. . . 2 »

M. CHAMPAGNE

Mademoiselle Aurore 3 actes. . . . . . . 2 »

G COURTELINE

L'Article 330, 1 acte. . 1 »
Les Boulingrin. 1 acte. 1 50
Un Client sérieux. 1 a. 1 50
Les Gaietés de l'Escadron, 3 actes . . . . 2 »
Gros chagrins, 1 acte . 1 »
Hortense, couche-toi! 1 acte . . . . 1 »
Une Lettre chargée, 1 a. 1 »
Mentons bleus, 1 acte . 1 »

fr. c.

Théodore cherche des allumettes, 1 acte. . . 1 »
Victoires et Conquêtes, 1 acte. . . . . 1 »
La Voiture versée, 1 a. 1 »

F. DE CUREL

L'Amour brode, 3 actes. (in-8°). . . . . 4 »
Le Coup d'Aile 3 act . 3 50
L'Envers d'une Sainte, 3 actes. . . . . . . 2 »
La Figurante. 3 actes . 2 »
La Fille sauvage, 6 a. 2 »
La Nouvelle Idole, 3 a. 2 »
Le Repas du lion, 5 act. 2 »

Lucien DESCAVES

La Préférée. 3 actes. . 2 »
Les Souliers, 1 acte . . 1 »
Tiers État, 1 acte. . . 1 50

P.-L. FLERS

La Chaste Suzanne, 2 actes. . . . . . . 2 »

P.-L. FLERS et Eugène HÉROS

Ah! Meumoute! 2 act. 2 »
Les Suites d'un Premier Mai, 1 acte. . . . . 1 »

Paul GAVAULT

Une Affaire Scandaleuse, 4 actes. . . . . 2 »
Les Aventures du Capitaine Corcoran, 5 a. 17 tableaux. . . . . 2 »
La Belle de New-York, 2 actes, 3 tableaux . 2 »
La Dame du 23, 3 act. 2 »
La Dette, 5 actes . . . 2 »
Les Dupont, 3 actes. . 2 »
Le Frisson de l'Aigle, 5 actes . . . . 2 »
Manu Militari! 1 acte. 1 50
Mr l'Adjoint, 1 acte. . 1 50
La Petite Madame Dubois, 3 actes. . . . 2 »
Plutus! 3 actes. . . . 2 »

Paul GAVAULT et V. DE COTTENS

Chéri! 3 actes. . . . . 2 »
Le Guet-Apens, 1 acte. 1 50
Fin de Rêve, 3 actes . 2 »

Paul GAVAULT et R. CHARVAY

Mademoiselle Josette, ma femme, 4 actes . 2 »

Paul GAVAULT et P. L. FLERS

Charmant Séjour! 3 a. 2 »

fr. c.

Paul GAVAULT et GUILLEMAUD

Les Femmes de Paille, 3 actes. . . . . . . 2 »

Paul GAVAULT, Eugène HEROS et Eugène MILLOU

Family-Hôtel, 3 actes. 2 »

Maurice HENNEQUIN

Inviolable! 3 actes. . . 2 »
Les Joies du foyer, 3 a. 2 »
Totote et Boby, 1 acte. 1 50

Maurice HENNEQUIN et Georges DUVAL

Le Coup de fouet, 3 a.. 2 »
Le Remplaçant, 3 act. 2 »
Le Voyage autour du Code, 4 actes. . . . 2 »

Maurice HENNEQUIN et Pierre VEBER

Florette et Patapon, 3 a. 2
Vous n'avez rien à déclarer? 3 actes. . . 2 »

Eugène HÉROS

Don Juan Moderne, 1 a. 1 50
Il est Ignoble avec Bouchard, 1 acte 1 50

Eugène HÉROS et L. ABRIC

Paquerette, 1 acte. . . 1 50
La Veuve, 1 acte . . . 1 50

Jean JULLIEN

L'Écolière, 3 actes. . . 2 »
La Mineure, 1 acte . . 1 50
Les Plumes du Geai, 4 actes . . . . 2 »
La Poigne, 5 actes. . . 2 »
La Sérénade, 3 actes . 2 »

G. LENOTRE

Colinette, 3 actes . . . 2 »
Les Trois Glorieuses, 4 actes. . . . . . . 2 »

H. DE NOUSSANNE

Au-dessus des Frontières, 3 actes . . . . . 2 »

MARC SONAL

La Chambre des Baisers, 3 actes. . . . 2 »

Albin VALABRÈGUE et Maurice HENNEQUIN

Coralie et Cie, 3 act.. 2 »
Place aux Femmes! 4 a. 2 »

Pierre VEBER

L'Amourette, 3 actes. . 2 »
Chambre à part, 3 a. . 2 »
Gonzague, 1 acte. . . 2 »
Loute, 3 actes. 3 50

Imprimerie Générale de Châtillon-sur-Seine. — A. PICHAT.

www.ingramcontent.com/pod-product-compliance
Lightning Source LLC
LaVergne TN
LVHW020030170826
845678LV00001B/192
* 9 7 8 2 3 2 9 7 3 6 5 0 1 *